厚大法考
Judicial Examination

U0564617

法考精神体系

名师精编　深研命题

刑诉法突破*121*题

应试提点　实战推演

向高甲◎编著｜厚大出品

中国政法大学出版社

2024年厚大社群服务清单

主题班会

每月一次，布置任务，总结问题

学情监督

记录学习数据，建立能力图谱，针对薄弱有的放矢

备考规划

学习规划，考场应急攻略，心理辅导策略

干货下载

大纲对比、图书勘误、营养资料、直播讲义等

同步小测

同步练习，当堂讲当堂练
即时检测听课效果

单科测试

全真模拟，摸底考试
考试排名，知己知彼

专业答疑

语音、图片、文字多方式提问
专业专科答

扫码获取专属服务

主观破冰

破译主观题的规律和奥秘，使学员
对主观题从一知半解到了如指掌

模拟机考

全真模拟，冲刺法考，进阶训练，突破瓶颈

高峰论坛

大纲解读，热点考点精析，热点案例分析等

法治思想素材

精编答题素材、传授答题套路，使考生对论述题
万能金句熟记于心

主观背诵金句

必背答题采分点，"浓缩"知识，择要记忆
法言法语，标准化答题

代总序

做法治之光

——致亲爱的考生朋友

如果问哪个群体会真正认真地学习法律，我想答案可能是备战法考的考生。

当厚大的老总力邀我们全力投入法考的培训事业，他最打动我们的一句话就是：这是一个远比象牙塔更大的舞台，我们可以向那些真正愿意去学习法律的同学普及法治的观念。

应试化的法律教育当然要帮助同学们以最便捷的方式通过法考，但它同时也可以承载法治信念的传承。

一直以来，人们习惯将应试化教育和大学教育对立开来，认为前者不登大雅之堂，充满填鸭与铜臭。然而，没有应试的导向，很少有人能够真正自律到系统地学习法律。在许多大学校园，田园牧歌式的自由放任也许能够培养出少数的精英，但不少学生却是在游戏、逃课、昏睡中浪费生命。人类所有的成就靠的其实都是艰辛的训练；法治建设所需的人才必须接受应试的锤炼。

应试化教育并不希望培养出类拔萃的精英，我们只希望为法治建设输送合格的人才，提升所有愿意学习法律的同学整体性的法律知识水平，培育真正的法治情怀。

厚大教育在全行业中率先推出了免费视频的教育模式，让优质的教育从此可以遍及每一个有网络的地方，经济问题不会再成为学生享受这些教育资源的壁垒。

最好的东西其实都是免费的，阳光、空气、无私的爱，越是弥足珍贵，越是免费的。我们希望厚大的免费课堂能够提供最优质的法律教育，一如阳光遍洒四方，带给每一位同学以法律的温暖。

没有哪一种职业资格考试像法考一样，科目之多、强度之大令人咋舌，这也是为什么通过法律职业资格考试是每一个法律人的梦想。

法考之路，并不好走。有沮丧、有压力、有疲倦，但愿你能坚持。

坚持就是胜利，法律职业资格考试如此，法治道路更是如此。

当你成为法官、检察官、律师或者其他法律工作者，你一定会面对更多的挑战、更多的压力，但是我们请你持守当初的梦想，永远不要放弃。

人生短暂，不过区区三万多天。我们每天都在走向人生的终点，对于每个人而言，我们最宝贵的财富就是时间。

感谢所有参加法考的朋友，感谢你愿意用你宝贵的时间去助力中国的法治建设。

我们都在借来的时间中生活。无论你是基于何种目的参加法考，你都被一只无形的大手抛进了法治的熔炉，要成为中国法治建设的血液，要让这个国家在法治中走向复兴。

数以万计的法条，盈千累万的试题，反反复复的训练。我们相信，这种貌似枯燥机械的复习正是对你性格的锤炼，让你迎接法治使命中更大的挑战。

亲爱的朋友，愿你在考试的复习中能够加倍地细心。因为将来的法律生涯，需要你心思格外的缜密，你要在纷繁芜杂的证据中不断搜索，发现疑点，去制止冤案。

亲爱的朋友，愿你在考试的复习中懂得放弃。你不可能学会所有的知识，抓住大头即可。将来的法律生涯，同样需要你在坚持原则的前提下有所为、有所不为。

亲爱的朋友，愿你在考试的复习中沉着冷静。不要为难题乱了阵脚，实在不会，那就绕道而行。法律生涯，道阻且长，唯有怀抱从容淡定的心才能笑到最后。

法律职业资格考试不仅仅是一次考试，它更是你法律生涯的一次预表。

我们祝你顺利地通过考试。

不仅仅在考试中，也在今后的法治使命中——

不悲伤、不犹豫、不彷徨。

但求理解。

厚大®全体老师　谨识

目录

第 *1* 编 总 则

第 **2** 编　分　　　则

第1讲 刑事诉讼法概述*

1. 关于刑事诉讼法与相关部门法的关系，下列说法正确的是：（   ）

   A. 刑事诉讼法为刑法适用提供了组织上、构架上、程序上、证据上的保障，因此，刑事诉讼法只是刑法的"从法"

   B. 如果选择不同的刑事程序，适用刑事实体法的结果可能会不同，体现了刑事诉讼法也具有保障刑法正确适用的工具价值

   C. 刑事诉讼法具有弥补刑事实体法不足并"创制"刑事实体法的功能，这说明刑事诉讼法具有独立价值

   D. 宪法关于人权保障的条款，都要通过刑事诉讼法保证刑法的实施来实现，即通过它的工具价值来实现

   [考 点] 刑事诉讼法与宪法、刑法的关系

2. 2020 年 8 月 31 日，江西省南昌市人民检察院依法对劳荣枝涉嫌故意杀人、绑架、抢劫罪一案向南昌市中级人民法院提起公诉。2021 年 9 月 9 日，劳荣枝案一审宣判，以故意杀人、绑架、抢劫三罪并罚判处死刑，剥夺政治权利终身，并处没收个人全部财产。从惩罚犯罪和保障人权的理念出发，下列对本案的分析正确的是：（   ）

   A. 基于打击暴力犯罪的需要，我国《刑事诉讼法》明确规定，侦查人员可以在立案前对犯罪嫌疑人适用技术侦查手段将其抓捕归案，这体现了我国刑事诉讼法惩罚犯罪的理念

   B. 保障人权是指保障所有公民的人权，本案惩罚犯罪的同时也不能忽视保障人权。劳荣枝即使十恶不赦，在任何情况下，也不得以任何理由剥夺其辩护权

   C. 如果劳荣枝没有委托辩护人，必要时人民法院可以通知法律援助机构指派律师为其辩护

   D. 保障人权的同时还需要考虑惩罚犯罪的理念，不能偏废其一，如果二者发生了冲突，应当优先考虑惩罚犯罪

   [考 点] 惩罚犯罪与保障人权

3. 余金平交通肇事案二审判决，力图以一种特立独行的方式维护社会价值，而且判决对案件中一些争议问题的分析不无理据，法院力图通过裁判维护"以审判为中心"的制度框架并防止认罪认罚的实践偏向亦有其合理性，但该判决本身也存在严重的法理缺陷，其突出问题被专家概括为：程序处置不妥、利益把握失衡。该案引发了法学界的实

---

* 本书未作特别说明的，均按不定项选择题作答。

体公正与程序公正之争。关于实体公正和程序公正的关系，下列表述正确的是：（　　　）

A. 司法公正包括实体公正和程序公正两个方面，当实体公正和程序公正冲突时，法院应当优先考虑实体公正

B. 程序公正是实体公正的保障，如果程序违法但是结果公正，应当维持公正的结果

C. 程序公正具有独立价值，二审法院如果认为一审程序违法，应当裁定撤销原判，发回重审

D. 实体公正和程序公正各自都有独立的内涵和标准，不能互相代替，二者应当并重

考点 程序公正与实体公正

4. 在浙江省浦江县公安局一体化办案中心速裁法庭，仅7分钟，浦江县人民法院常务副院长于建松就完成了对傅某拒不执行判决、裁定案的判决。从2018年6月15日晚民警将傅某抓捕归案、提审，检察院介入，法律援助律师会见，到6月17日下午法院判决，耗时不到40个小时。傅某不用离开浦江县公安局，就完成了整个刑事诉讼程序。这是浦江县公安局一体化办案中心运行以来，第一个在速裁法庭完成判决的案件。从公正和效率的刑诉理念分析，下列选项正确的是：（　　　）

A. 速裁程序的适用体现了效率的理念，但是也不能打破公正的底线，比如对可能判处1年有期徒刑以上刑罚的案件就不能适用速裁程序

B. 根据我国司法现状，应当作出"公正优先，兼顾效率"的价值选择

C. 认罪认罚从宽原则体现了公正基础上的效率观

D. 细化诉讼程序通常会导致效率低下，效率和公正难以兼得

考点 公正与效率

5. 下列有关刑事诉讼目的与价值的说法，错误的有：（　　　）

A. 刑事诉讼目的不单是发现实体真实，更重要的是以公平和合乎正义的程序来保护被告人的人权，这是犯罪控制模式的理论观点

B. "司法机关注重发现案件真相的立足点是防止无辜者被错误定罪"是积极实体真实主义的观点

C. 公正在刑事诉讼价值中居于核心的地位，其中实体公正要优先于程序公正

D. 秩序价值仅指刑事诉讼维护社会秩序这一方面

考点 刑事诉讼的目的与价值

6. 2024年3月10日，河北省邯郸市肥乡区初一学生王某某被杀害。案件发生后，公安机关立即开展侦破工作。关于本案的诉讼主体和职能，下列相关表述正确的是：（　　　）

A. 侦查人员向警官作为本案的诉讼参与人，承担的是控诉职能

B. 被害人的父亲作为法定代理人，属于本案的其他诉讼参与人

C. 被害人委托的诉讼代理人作为其他诉讼参与人，承担的是控诉职能

D. 控方证人甲某作为其他诉讼参与人，承担的是控诉职能

考点 刑事诉讼的主体、职能

7. 刑事诉讼构造，是指刑事诉讼法所确立的进行刑事诉讼的基本方式以及专门机关、诉

讼参与人在刑事诉讼中形成的法律关系的基本格局，它集中体现为控诉、辩护、审判三方在刑事诉讼中的地位及其相互间的法律关系。关于刑事诉讼构造的表述，下列选项正确的是：（　　）

A. 速裁程序中没有形成控、辩、审三方的构造关系

B. 当事人主义构造将诉讼的主动权委于国家专门机关

C. "二战"后，日本在职权主义背景下大量吸收当事人主义因素，从而形成了以职权主义为主，以当事人主义为补充的混合式诉讼构造

D. 2012年《刑事诉讼法》增加了证人出庭的强制规定，说明我国在职权主义的构造下吸收了部分当事人主义对抗的因素

[考点] 刑事诉讼构造

答案及解析

1. [考点] 刑事诉讼法与宪法、刑法的关系

[答案] C

[解析] 选项A，刑事诉讼法既具有保障刑法正确适用的工具价值，也有自己的独立价值。刑事诉讼法在保障刑法实施方面的价值有：①通过明确对刑事案件行使侦查权、起诉权、审判权的专门机关，为查明案件事实、适用刑事实体法提供了组织上的保障。②通过明确行使侦查权、起诉权、审判权主体的权力与职责及诉讼参与人的权利与义务，为查明案件事实和适用刑事实体法的活动提供了基本构架；同时，由于有明确的活动方式和程序，也为刑事实体法适用的有序性提供了保障。③规定了收集证据的方法与运用证据的规则，既为获取证据、查明案件事实提供了手段，又为收集证据、运用证据提供了程序规范。④关于程序系统的设计，可以在相当程度上避免、减少案件实体上的误差。⑤针对不同案件或不同情况设计不同的具有针对性的程序，使得案件处理简繁有别，保证处理案件的效率。选项A体现了刑事诉讼法的工具价值，但是说刑事诉讼法只是刑法的"从法"，是忽略其独立价值的表现。选项A错误。

选项BC，刑事诉讼法的独立价值，主要表现为以下方面：①刑事诉讼法所规定的诉讼原则、结构、制度、程序，体现着程序本身的民主、法治、人权精神，也反映出一国刑事司法制度的进步、文明程度，是衡量社会公正的一个极为重要的指标。②刑事诉讼法具有弥补刑事实体法不足并"创制"刑事实体法的功能。③刑事诉讼法具有影响刑事实体法实现的功能。例如，依照不告不理原则，如果控诉机关或人员没有起诉，就不能对现实中的犯罪行为适用刑事实体法；当出现了某些法定情形时，就要结束适用刑事实体法的程序，不能再适用刑事实体法；对同一案件，如果选择不同的刑事程序，适用刑事实体法的结果可能会不同。这些都是刑事诉讼法独立具有而非依赖于刑事实体法的功能。选项BC均体现了刑事诉讼法的独立价值。选项B错误，选项C正确。

选项D，刑事诉讼法与宪法的关系，一方面体现为刑事诉讼法在宪法中的重要地

位，以至于宪法关于程序性条款的规定成为法治国家的基本标志；另一方面体现为其在维护宪法制度方面发挥的重要作用。宪法的许多规定，<u>一方面，要通过刑事诉讼法保证刑法的实施来实现</u>；另一方面，要通过刑事诉讼法本身的实施来实现。选项D忽略了另一方面，要通过刑事诉讼法本身的实施来实现宪法的精神和规定。选项D错误。

📝 **总结归纳**

（1）刑事诉讼法相对于刑法而言有何价值：既有工具价值，又有独立价值；

（2）刑事诉讼法和宪法的关系：宪法是静态的刑事诉讼法，刑事诉讼法是动态的宪法。

2. [考 点] 惩罚犯罪与保障人权

[答 案] B

[解 析] 惩罚犯罪，是指通过刑事诉讼活动，在准确、及时地查明案件事实真相的基础上，对构成犯罪的被告人公正适用刑法以抑制犯罪，以及通过刑事程序本身的作用来抑制犯罪。保障人权，是指在通过刑事诉讼惩罚犯罪的过程中，保障公民合法权益不受非法侵犯。具体包括：①无辜的人不受追究；②有罪的人受到公正处罚；③诉讼权利得到充分保障和行使。

选项A，根据《刑事诉讼法》第150条第1款的规定，公安机关在立案后，对于危害国家安全犯罪、恐怖活动犯罪、黑社会性质的组织犯罪、重大毒品犯罪或者其他严重危害社会的犯罪案件，根据侦查犯罪的需要，经过严格的批准手续，可以采取技术侦查措施。可知，即使是严重暴力危害社会的犯罪，也必须<u>立案后经过严格审批</u>方可适用，在立案前适用技术侦查手段，严重侵犯了公民的基本人权。选项A错误。

选项B，惩罚犯罪离不开保障人权。如果在刑事诉讼中违反宪法、刑事诉讼法有关权利保障的规范，滥用司法权力，甚至刑讯逼供、诱供等，往往会造成冤假错案。因此，惩罚犯罪不能忽视保障人权。本案劳荣枝作为犯罪嫌疑人、被告人，其诉讼权利也应当得到充分保障。而辩护权作为刑事被告人的一项基本诉讼权利，在任何情况下，不得以任何理由剥夺。选项B正确。

选项C，辩护权是每一个犯罪嫌疑人、被告人享有的宪法权利，不得以任何理由加以剥夺。但是辩护权不一定必须要律师来行使，非律师也可以担任辩护人，甚至犯罪嫌疑人本人也可以自行辩护，只有当满足特殊的法定条件，才应当为犯罪嫌疑人、被告人指派律师提供法律援助辩护。根据《最高人民法院关于适用〈中华人民共和国刑事诉讼法〉的解释》（以下简称《刑诉解释》）第47条第1款的规定，对下列没有委托辩护人的被告人，人民法院<u>应当通知法律援助机构指派律师为其提供辩护</u>：①盲、聋、哑人；②尚未完全丧失辨认或者控制自己行为能力的精神病人；③可能被判处无期徒刑、死刑的人。本案被告人被判处死刑，属于应当通知法律援助辩护的情形。选项C错误。

选项D，保障人权与惩罚犯罪的理念，二者应当并重，不能偏废其一。当惩罚犯罪与保障人权发生冲突时，应当采取权衡原则，综合考虑国家利益、社会利益和个人利益，权衡利弊得失，作出有利于实现刑事诉讼根本目的的选择。从近现代刑事诉讼制度的发展趋势来看，人权保障的价值目标愈来愈受到重视，日渐成为一种优位的价值理念，当惩罚犯罪与保障人权发生冲突时，各国越来越倾向于优先保障人权。选项D错误。

✎ **总结归纳**

　　强制法律援助辩护：盲聋哑、半疯傻、死无缺、未长大。

3. [考点] 程序公正与实体公正

[答案] CD

[解析] 司法公正包括实体公正和程序公正两个方面。实体公正，即结果公正，是指案件实体的结局处理所体现的公正。实体公正的具体要求有：①据以定罪量刑的犯罪事实的认定，应当做到证据确实、充分；②正确适用刑法，准确认定犯罪嫌疑人、被告人是否有罪及其罪名；③按照罪刑相适应原则，依法适度判定刑罚；④对于错误处理的案件，采取救济方法及时纠正、及时赔偿或者补偿。程序公正，是指诉讼程序方面体现的公正。刑事案件的程序公正，具体要求有：①严格遵守刑事诉讼法的规定；②认真保障当事人和其他诉讼参与人，特别是犯罪嫌疑人、被告人和被害人的诉讼权利；③严禁刑讯逼供和以其他非法手段取证；④司法机关依法独立行使职权；⑤保障诉讼程序的公开和透明；⑥按法定期限办案、结案。实体公正和程序公正各自都有独立的内涵和标准，不能互相代替，二者应当并重。

　　选项A，司法公正包括实体公正和程序公正两个方面。但是，实体公正和程序公正各自都有独立的内涵和标准，不能互相代替，二者应当并重。选项A错误。

　　选项B，程序公正是实体公正的保障，但是，程序公正有其独立的价值，如果程序严重违法，即使结果公正，该案件结果也应当被推翻。选项B错误。

　　选项C，程序公正具有独立价值，根据《刑事诉讼法》第238条的规定，第二审人民法院发现第一审人民法院的审理违反法律规定的诉讼程序的，应当裁定撤销原判，发回原审人民法院重新审判。选项C正确。

　　选项D，实体公正和程序公正各自都有独立的内涵和标准，不能互相代替，二者应当并重。选项D正确。

4. [考点] 公正与效率

[答案] BC

[解析] 在刑事诉讼中，效率在公正得以实现的基础上才有意义。如果公正不存在，也就无所谓效率。因此，在刑事诉讼中，公正与效率的关系，应当是公正第一，效率第二。在刑事司法中，应当在保证司法公正的前提下追求效率，而不能草率办案，损害实体公正和程序公正。如果只讲"从快"而违背诉讼规律，虽然结案率很高，但往往错案也会增多，冤枉了无辜者，放纵了犯罪者，不仅做不到公正，也难以真正实现效率。

　　选项A，根据《刑事诉讼法》第222条第1款的规定，基层人民法院管辖的可能判处 3 年有期徒刑以下刑罚的案件，案件事实清楚，证据确实、充分，被告人认罪认罚并同意适用速裁程序的，可以适用速裁程序，由审判员一人独任审判。可知，速裁程序的适用要求是可能判处 3 年有期徒刑以下刑罚的案件，而非 1 年以下的。选项 A 错误，不当选。

选项 B，"公正优先，兼顾效率"是我国刑事诉讼的价值选择。选项 B 正确，当选。

选项 C，被告人认罪认罚案件，有望通过被告人的认罪认罚，实现审查起诉与法庭审理的简易化，缩减办案期限，提高了诉讼效率。选项 C 正确，当选。

选项 D，虽然细化诉讼程序通常会导致效率低下，但是在保障公正基础上依然要兼顾效率理念。选项 D 错误，不当选。

✎ **总结归纳**

速裁程序的适用条件：轻微、清楚、认罪、同意。

5. [考 点]刑事诉讼的目的与价值

[答 案]ABCD

[解 析]选项 A，考查了犯罪控制模式与正当程序模式的刑事诉讼目的分类。犯罪控制模式价值体系的理论认为，控制犯罪为刑事诉讼程序最主要的机能，刑事程序运作的方式与取向，应循此"控制犯罪"之目标进行。与犯罪控制模式对立的是正当程序模式，该模式主张，刑事诉讼目的不单是发现实体真实，更重要的是以公平和合乎正义的程序来保护被告人的人权。选项 A 表述的内容体现了正当程序模式的理论观点。选项 A 错误，当选。

选项 B，考查了实体真实主义与正当程序主义的刑事诉讼目的分类。实体真实主义可分为积极实体真实主义和消极实体真实主义。积极实体真实主义认为，凡是出现了犯罪，就应当毫无遗漏地加以发现、认定并予以处罚；为不使任何一个犯罪人逃脱，刑事程序以发现真相为要。消极实体真实主义持将发现真实与保障无辜相联系的目的观，认为刑事诉讼目的在于发现实体真实，本身应包含力求避免处罚无罪者的意思，而不单纯是无遗漏地处罚任何一个犯罪者。正当程序的目的观则认为，刑事诉讼目的重在维护正当程序。选项中表述的内容体现了消极实体真实主义的理论观点。选项 B 错误，当选。

选项 CD，考查了刑事诉讼的价值。刑事诉讼价值包括秩序、公正、效益诸项内容，其中每项内容又包含着非常丰富的内涵。公正在刑事诉讼价值中居于核心的地位。刑事诉讼公正价值包括实体公正和程序公正两个方面。选项 C 中实体公正优先于程序公正的表述错误。选项 C 错误，当选。选项 D，秩序价值包括两个方面，一方面指通过惩治犯罪维护社会秩序，恢复被犯罪破坏的社会秩序以及预防社会秩序被犯罪所破坏；另一方面指追究犯罪的活动要有序，要防止政府及其官员滥用权力而使社会成员没有安全保障。选项 D 错误，当选。

6. [考 点]刑事诉讼的主体、职能

[答 案]C

解析 选项A，刑事诉讼主体，是指所有参与刑事诉讼活动，在刑事诉讼中享有一定权利、承担一定义务的国家专门机关和诉讼参与人。诉讼参与人包括当事人和其他参与人。其中当事人包括被害人、自诉人、犯罪嫌疑人、被告人、附带民事诉讼的原告人和被告人。其他参与人包括法定代理人、诉讼代理人、辩护人、证人、鉴定人和翻译人员。刑事诉讼职能，是指根据法律规定，国家专门机关和诉讼参与人在刑事诉讼中所承担的职责、具有的作用和功能。刑事诉讼有三种基本职能，即控诉、辩护和审判。本案中的向警官作为侦查人员，虽然承担了控诉职能，但是并不属于诉讼参与人。选项A错误。

选项B，法定代理人是由法律规定的对被代理人（无行为能力人或者限制行为能力人）负有专门保护义务并代其进行诉讼的人。本案由于被害人已经死亡，死者并不存在法定代理人，被害人的父亲仅作为死者的近亲属存在。选项B错误。

选项C，其他参与人包括法定代理人、诉讼代理人、辩护人、证人、鉴定人和翻译人员，所以诉讼代理人属于其他诉讼参与人。另外，由于被害人承担的是控诉职能，其委托的诉讼代理人也承担控诉职能。选项C正确。

选项D，其他参与人包括法定代理人、诉讼代理人、辩护人、证人、鉴定人和翻译人员，所以证人属于其他诉讼参与人。但是，证人只是如实、客观作证的诉讼参与人，无论是控、辩哪一方的证人，均不承担控辩职能。选项D错误。

📝 **总结归纳**

（1）诉讼参与人包括：当事人＋其他诉讼参与人；

（2）其他诉讼参与人："法""诉""辩""证""翻""鉴"；

（3）刑诉职能控、辩、审，控诉是"搞"他，辩护是"保"他，审判是"判"他。

7. 【考点】刑事诉讼构造

【答案】D

解析 刑事诉讼构造，是指刑事诉讼法所确立的进行刑事诉讼的基本方式以及专门机关、诉讼参与人在刑事诉讼中形成的法律关系的基本格局，它集中体现为控诉、辩护、审判三方在刑事诉讼中的地位及其相互间的法律关系。

选项A，速裁程序虽然在程序上进行了简化，但是该程序仍然保留着控、辩、审三方的基本诉讼构造特点。选项A错误。

选项B，当事人主义构造将开始和推动诉讼的主动权委于当事人，控诉、辩护双方当事人在诉讼中居于主导地位，适用于程序上保障人权的诉讼目的。选项B错误。

选项C，"二战"后，日本在职权主义背景下大量吸收当事人主义因素，从而形成了以当事人主义为主，以职权主义为补充的混合式诉讼构造。选项C错误。

选项D，2012年《刑事诉讼法》的再次修改，沿着对抗式改革的方向取得了新的进展。例如，完善了回避制度，规定辩护人有权申请回避及复议；改革辩护制度，完善了法律援助制度，扩大了强制辩护的适用范围，强化了辩护律师的会见权、阅卷权、申请调取证据权及保守职业秘密权等执业权利；修改证据制度，2012年《刑事诉讼法》第49条规定了"公诉案件中被告人有罪的举证责任由人民检察院承担"的规则；建立了非法证据排除规则；完善了证人保护制度，建立了证人作证补偿制度；完善了审判程序，2012年《刑事诉讼法》第188条建立了强制证人出庭作证制度；此外，辩护人有权申请法庭通知有专门知识的人出庭就鉴定人作出的鉴定意见提出意见，辩护人可以就定罪、量刑问题进行辩论；等等。上述新规定都有助于控辩式（对抗式）改革的深化。选项D正确。

📝 **总结归纳**

（1）当事人主义构造/英美法系/侧重人权保障；

（2）职权主义构造/大陆法系/侧重实体真实；

（3）混合式构造/日本/当事人主义为主，职权主义为辅。

第2讲 刑事诉讼法的基本原则

8. 2024年3月10日，河北省邯郸市肥乡区初一学生王某某被杀害。案件发生后，公安机关立即开展侦破工作。3月11日，涉案犯罪嫌疑人被全部抓获，现已依法采取刑事强制措施。在侦查阶段，因案情重大复杂，检察院提前介入侦查工作。检察官在开展勘验、检查等侦查措施时在场，并就如何进一步收集、固定和完善证据以及适用法律向公安机关提出了意见，对已发现的侦查活动中的违法行为提出了纠正意见。关于检察院提前介入侦查，下列哪些选项是正确的？（   ）

A. 侵犯了公安机关的侦查权，违反了侦查权、检察权、审判权由专门机关依法行使原则

B. 体现了分工负责、互相配合、互相制约原则

C. 体现了检察院依法对刑事诉讼实行法律监督原则

D. 体现了未经法院依法判决，对任何人不得确定有罪原则

[考点] 刑事诉讼法的基本原则

9. 法院、检察院和公安机关进行刑事诉讼，必须严格遵守刑事诉讼法的有关规定。关于程序违法的情形，下列处理正确的是：（   ）

A. 二审法院发现一审公开审理了刘某强奸案，可以裁定撤销原判，发回重审

B. 最高院在核准死刑时，发现高某故意杀人案二审未开庭审理，但是死刑判决并没有错误，于是裁定核准死刑

C. 法院发现公诉机关提供的指控被告人罗某故意杀人案的凶器的搜集程序违法，直接决定对该证据予以排除

D. 被害人殷某不服强制医疗决定提起复议，上一级法院经审理认为，被申请人向某没有诉讼代理人，可能影响公正审判，于是撤销原决定，发回重审

[考点] 严格遵守法律程序原则

10. 人民检察院是国家的法律监督机关，在刑事诉讼活动中，有权对公安机关的立案侦查、人民法院的审判和执行机关的执行活动是否合法进行监督。这种监督贯穿于刑事诉讼活动的始终。关于人民检察院的法律监督权，下列说法不正确的是：（   ）

A. 唐山暴力伤人案，人民检察院如果认为当地公安机关应当立案而不立案，经检察长决定，应当通知公安机关立案

B. 沈某贪污案，经监察机关商请或者人民检察院认为确有必要时，人民检察院可以派员介入监察机关办理的职务犯罪案件

C. 罗某组织卖淫案，审查起诉中，发现遗漏罪行或者有依法应当移送起诉的同案犯罪嫌疑人张某未移送起诉的，应当要求公安机关另案侦查；已经查清的，直接提起公诉

D. 向某受贿案，怀化市鹤城区人民检察院认为人民法院对潜逃境外的向某缺席审判量刑过轻，有权向上一级人民法院抗诉

[考 点] 人民检察院依法对刑事诉讼实行法律监督原则

11. 2020 年 11 月 2 日，张某将一双儿女从飘窗扔到楼下，致姐弟二人死亡。2021 年 8 月 11 日，公安机关将"重庆姐弟坠亡案"移送人民检察院审查起诉。2021 年 8 月 21 日，重庆市人民检察院第五分院以故意杀人罪依法对被告人张某、叶某提起公诉。2021 年 12 月 28 日，重庆市第五中级人民法院对该案作出一审判决，认定被告人张某、叶某犯故意杀人罪，判处死刑，剥夺政治权利终身。从我国刑事诉讼法的基本原则角度分析，下列选项错误的是：（　　）

A. 2021 年 12 月 28 日之前，应当推定被告人张某、叶某无罪

B. 2021 年 8 月 11 日之后，方可称张某、叶某为刑事被告人

C. 如果张某、叶某的辩护人坚持作无罪辩护，需要就其无罪主张承担证明责任

D. 如果本案对张某、叶某适用死刑的证据不足，根据疑罪从无原理，应当宣告其无罪

[考 点] 未经人民法院依法判决，对任何人都不得确定有罪原则

12. 社会主义法治要通过法治的一系列原则加以体现，具有法定情形不予追究刑事责任是《刑事诉讼法》确立的一项基本原则。下列哪些情形不符合具有法定情形不予追究刑事责任的原则？（　　）

A. 张某盗窃案，侦查中发现涉案金额为 500 元，公安机关决定终止侦查

B. 罗某诈骗案，因犯罪情节轻微且罗某认罪认罚，检察院决定不起诉

C. 刘某强奸高某案，审判中高某吐血身亡，法院裁定终止审理

D. 鄢某故意杀人案，审判中因证据不足，法院判决鄢某无罪

[考 点] 具有法定情形不予追究刑事责任原则

13. 河北省邯郸市初一学生王某某被杀害。案件发生后，公安机关立即开展侦破工作。2024 年 3 月 11 日，涉案三名犯罪嫌疑人（均未成年）被全部抓获。

（1）关于本案认罪认罚从宽原则的适用，下列选项不正确的是：（　　）

A. 由于犯罪嫌疑人均未成年且案件性质恶劣，因此本案不能适用认罪认罚从宽原则

B. 如果只有部分犯罪嫌疑人认罪，全案不能适用认罪认罚从宽原则

C. 如果要适用认罪认罚从宽原则，则犯罪嫌疑人必须同意法院适用简易程序

D. 如果本案被告人认罪认罚，则法院应当对其从宽处理

[考 点] 认罪认罚从宽原则

（2）审查起诉阶段，如果三名犯罪嫌疑人均表示认罪认罚，关于本案的程序，下列选项正确的是：（　　）

A. 犯罪嫌疑人认罪认罚，没有辩护人的，人民检察院应当通知值班律师为其提供法律帮助

B. 办理认罪认罚案件，应当听取被害人及其诉讼代理人的意见，被害人及其诉讼代理人不同意从宽处理的，不能适用认罪认罚从宽制度

C. 如果其中一名犯罪嫌疑人自愿如实供述涉嫌犯罪的事实，且有重大立功表现，人民检察院可以对其作不起诉决定

D. 如果犯罪嫌疑人的辩护人对认罪认罚有异议，则不需要签署认罪认罚具结书

[考点] 认罪认罚从宽原则

（3）审判阶段三名被告人均认罪认罚，关于本案，下列表述不正确的是：（   ）

A. 法院依法作出判决时，应当采纳检察院指控的罪名和量刑建议

B. 法院认为量刑建议明显不当，通知检察院调整后仍然明显不当的，法院依法作出判决，检察院应当以违反法定程序为由依法提出抗诉

C. 案件审理过程中，辩护人坚持作无罪辩护的，检察院应当建议法院不再适用认罪认罚从宽制度，撤回从宽量刑建议，并建议法院在量刑时考虑相应情况

D. 法院采纳检察院提出的量刑建议作出裁判，被告人以量刑过重为由提出上诉，因被告人反悔不再认罪认罚致从宽量刑明显不当的，二审法院应当加重对被告人的刑罚

[考点] 审判阶段认罪认罚从宽原则

答案及解析

8. [考点] 刑事诉讼法的基本原则

[答案] BC

[解析] 本题综合考查了刑事诉讼法的多项基本原则。

选项A，检察机关提前介入侦查，并没有侵犯公安机关的侦查权，这是检察院行使刑事法律监督权的表现，侦查权依然由公安机关行使。相反，这恰恰体现了侦查权、检察权、审判权由专门机关依法行使原则。选项A错误。

选项B，检察机关提前介入侦查，负责行使法律监督权，公安机关负责行使侦查权，这也体现了分工负责、互相配合、互相制约原则。选项B正确。

选项C，检察官在开展勘验、检查等侦查措施时在场，并就如何进一步收集、固定和完善证据以及适用法律向公安机关提出了意见，对已发现的侦查活动中的违法行为提出了纠正意见，体现了检察院依法对刑事诉讼实行法律监督原则。选项C正确。

选项D，题干中描述的情形，并未体现未经法院依法判决，对任何人不得确定有罪原则，该选项答非所问。选项D错误。

9. [考点] 严格遵守法律程序原则

[答案] D

[解析] 人民法院、人民检察院和公安机关在进行刑事诉讼活动时，必须严格遵守刑事诉讼法和其他有关法律的规定，不得违反法律规定的程序和规则，更不得侵害各方当事人

和其他诉讼参与人的合法权益。违反法律程序严重的，应当依法承担相应的法律后果。

选项A，根据《刑事诉讼法》第238条的规定，第二审人民法院发现第一审人民法院的审理有下列违反法律规定的诉讼程序的情形之一的，应当裁定撤销原判，发回原审人民法院重新审判：①违反本法有关公开审判的规定的；②违反回避制度的；③剥夺或者限制了当事人的法定诉讼权利，可能影响公正审判的；④审判组织的组成不合法的；⑤其他违反法律规定的诉讼程序，可能影响公正审判的。选项A中，二审法院发现一审公开审理了刘某强奸案，违反了公开审判的相关规定，二审法院应当撤销原判，发回重审。选项A将"应当"表述为"可以"，不正确。选项A错误。

选项B，根据《刑诉解释》第429条的规定，最高人民法院复核死刑案件，应当按照下列情形分别处理：①原判认定事实和适用法律正确、量刑适当、诉讼程序合法的，应当裁定核准。②原判认定的某一具体事实或者引用的法律条款等存在瑕疵，但判处被告人死刑并无不当的，可以在纠正后作出核准的判决、裁定。③原判事实不清、证据不足，应当裁定不予核准，并撤销原判，发回重新审判。④复核期间出现新的影响定罪量刑的事实、证据的，应当裁定不予核准，并撤销原判，发回重新审判。⑤原判认定事实正确、证据充分，但依法不应当判处死刑的，应当裁定不予核准，并撤销原判，发回重新审判；根据案件情况，必要时，也可以依法改判。⑥原审违反法定诉讼程序，可能影响公正审判的，应当裁定不予核准，并撤销原判，发回重新审判。选项中，二审未开庭审理死刑案件，属于程序违法。根据上述第6项的规定，最高院应当裁定不予核准，并撤销原判，发回重新审判。选项B错误。

选项C，根据《刑事诉讼法》第56条第1款的规定，采用刑讯逼供等非法方法收集的犯罪嫌疑人、被告人供述和采用暴力、威胁等非法方法收集的证人证言、被害人陈述，应当予以排除。收集物证、书证不符合法定程序，可能严重影响司法公正的，应当予以补正或者作出合理解释；不能补正或者作出合理解释的，对该证据应当予以排除。可知，搜集程序违法的物证并非直接排除，还可以补正或者作出合理解释。选项C错误。

选项D，根据《刑诉解释》第643条的规定，对不服强制医疗决定的复议申请，上一级人民法院应当组成合议庭审理，并在1个月以内，按照下列情形分别作出复议决定：①被决定强制医疗的人符合强制医疗条件的，应当驳回复议申请，维持原决定；②被决定强制医疗的人不符合强制医疗条件的，应当撤销原决定；③原审违反法定诉讼程序，可能影响公正审判的，应当撤销原决定，发回原审人民法院重新审判。选项D正确。

10. [考点] 人民检察院依法对刑事诉讼实行法律监督原则

[答案] ABCD

[解析] 选项A，根据《刑事诉讼法》第113条的规定，人民检察院认为公安机关对应当立案侦查的案件而不立案侦查的，或者被害人认为公安机关对应当立案侦查的案件而不立案侦查，向人民检察院提出的，人民检察院应当要求公安机关说明不立案的理由。人民检察院认为公安机关不立案理由不能成立的，应当通知公安机关立案，公安机关接到通知后应当立案。选项A错误，当选。

选项 B，根据《人民检察院刑事诉讼规则》（以下简称《高检规则》）第 256 条的规定，经公安机关商请或者人民检察院认为确有必要时，可以派员适时介入重大、疑难、复杂案件的侦查活动，参加公安机关对于重大案件的讨论，对案件性质、收集证据、适用法律等提出意见，监督侦查活动是否合法。经监察机关商请，人民检察院可以派员介入监察机关办理的职务犯罪案件。可知，人民检察院可以主动介入公安机关的侦查活动，不能主动介入监察机关的调查活动。选项 B 错误，当选。

选项 C，根据《高检规则》第 356 条的规定，人民检察院在办理公安机关移送起诉的案件中，发现遗漏罪行或者有依法应当移送起诉的同案犯罪嫌疑人未移送起诉的，应当要求公安机关补充侦查或者补充移送起诉。对于犯罪事实清楚、证据确实、充分的，也可以直接提起公诉。选项 C 错误，当选。

选项 D，根据《刑事诉讼法》第 291 条第 2 款的规定，前款案件，由犯罪地、被告人离境前居住地或者最高人民法院指定的中级人民法院组成合议庭进行审理。可知，缺席审判程序，一审应当由中级人民法院管辖。又根据《刑事诉讼法》第 228 条的规定，地方各级人民检察院认为本级人民法院第一审的判决、裁定确有错误的时候，应当向上一级人民法院提出抗诉。可知，选项 D 中提起二审抗诉的应当是与中级人民法院同级的怀化市人民检察院。选项 D 错误，当选。

📝 **总结归纳**

人民检察院立案监督的方法：先要求说理，后通知立案。

11. [考点] 未经人民法院依法判决，对任何人都不得确定有罪原则

[答案] ABCD

[解析] 根据《刑事诉讼法》第 12 条的规定，未经人民法院依法判决，对任何人都不得确定有罪。该条文明确规定了确定被告人有罪的权力由人民法院统一行使，其他任何机关、团体和个人都无权行使。

选项 A，无罪推定原则的基本含义是，任何人在未经依法确定有罪以前，应假定其无罪。无罪推定作为宪法原则和刑事诉讼法的基本原则，已为世界上多数国家的刑事程序所采用。但是我国并未确定无罪推定原则，我国《刑事诉讼法》第 12 条规定，未经人民法院依法判决，对任何人都不得确定有罪。这仅在一定程度上吸收了无罪推定原则的精神，但是并未达到无罪推定的高度。选项 A 错误，当选。

选项 B，未经人民法院依法判决，对任何人都不得确定有罪原则要求区分犯罪嫌疑人与刑事被告人。公诉案件在提起公诉前将被追诉人称为犯罪嫌疑人，提起公诉后始称为刑事被告人。因此，2021 年 8 月 21 日以后，方可称张某、叶某为被告人。选项 B 错误，当选。

选项 C，未经人民法院依法判决，对任何人都不得确定有罪原则要求控诉方承担举证责任，被告人不负证明自己无罪的责任，不得因被告人不能证明自己无罪便推定其有罪。选项 C 错误，当选。

选项 D，未经人民法院依法判决，对任何人都不得确定有罪原则要求，对于证据

不足、不能认定被告人有罪的，人民法院应当作出证据不足、指控罪名不能成立的无罪判决。但是，选项 D 中仅仅是量刑证据不足，因此，根据疑案从轻的原理，本案仅仅是不能确定判处被告人死刑，但是并不影响有罪的成立。选项 D 错误，当选。

12. [考点] 具有法定情形不予追究刑事责任原则

[答案] ABCD

[解析] 根据《刑事诉讼法》第16条的规定，有下列情形之一的，不追究刑事责任，已经追究的，应当撤销案件，或者不起诉，或者终止审理，或者宣告无罪：①情节显著轻微、危害不大，不认为是犯罪的；②犯罪已过追诉时效期限的；③经特赦令免除刑罚的；④依照刑法告诉才处理的犯罪，没有告诉或者撤回告诉的；⑤犯罪嫌疑人、被告人死亡的；⑥其他法律规定免予追究刑事责任的。

选项 A，张某盗窃案，涉案金额500元，符合《刑事诉讼法》第16条中的"情节显著轻微"的情形，但是本案处于侦查阶段，正确的处理方式是由公安机关决定撤销案件。另外，根据《公安机关办理刑事案件程序规定》（以下简称《公安部规定》）第186条第2款的规定，对于经过侦查，发现有犯罪事实需要追究刑事责任，但不是被立案侦查的犯罪嫌疑人实施的，或者共同犯罪案件中部分犯罪嫌疑人不够刑事处罚的，应当对有关犯罪嫌疑人终止侦查，并对该案件继续侦查。选项 A 当选。

选项 B，罗某诈骗案，犯罪情节轻微，说明其已经构成了犯罪，并不属于《刑事诉讼法》第16条中的"情节显著轻微……不认为是犯罪"的情形。检察院认为其犯罪情节轻微，仅仅是酌情考虑可以不起诉，并不是法定绝对不能起诉的情形。提醒考生一定要注意"情节显著轻微"和"犯罪情节轻微"的区别，前者是法定不予追究刑事责任的情形，后者只是酌情可以不予追究的情形。选项 B 当选。

选项 C，刘某强奸高某案，审判中高某吐血身亡，作为被害人的高某死亡并不属于法定不予追究刑事责任的情形。选项 C 当选。

选项 D，鄢某故意杀人案，审判中因证据不足，法院判决鄢某无罪，虽然法院的判决结果没错，但是"证据不足"并不属于《刑事诉讼法》第16条中的法定情形。选项 D 当选。

[总结归纳]

"显著轻""过时效""特赦""告诉"和"死掉"。

13. (1) [考点] 认罪认罚从宽原则

[答案] ABCD

[解析]《刑事诉讼法》第15条规定，犯罪嫌疑人、被告人自愿如实供述自己的罪行，承认指控的犯罪事实，愿意接受处罚的，可以依法从宽处理。该原则为2018年《刑事诉讼法》修正时新增的原则，也是刑事诉讼的改革热点之一，是近几年法考命题的重中之重。

选项 A，根据《最高人民法院、最高人民检察院、公安部、国家安全部、司法部关于适用认罪认罚从宽制度的指导意见》（以下简称《认罪认罚意见》）

第5条的规定，认罪认罚从宽制度贯穿刑事诉讼全过程，适用于侦查、起诉、审判各个阶段。认罪认罚从宽制度没有适用罪名和可能判处刑罚的限定，所有刑事案件都可以适用，不能因罪轻、罪重或者罪名特殊等原因而剥夺犯罪嫌疑人、被告人自愿认罪认罚获得从宽处理的机会。可知，认罪认罚从宽原则没有适用禁区。选项A错误，当选。

选项B，根据《认罪认罚意见》第6条的规定，承认指控的主要犯罪事实，仅对个别事实情节提出异议，或者虽然对行为性质提出辩解但表示接受司法机关认定意见的，不影响"认罪"的认定。犯罪嫌疑人、被告人犯数罪，仅如实供述其中一罪或部分罪名事实的，全案不作"认罪"的认定，不适用认罪认罚从宽制度，但对如实供述的部分，人民检察院可以提出从宽处罚的建议，人民法院可以从宽处罚。该条文只规定，供述部分犯罪事实，则全案不作"认罪"的认定，但是并未规定，部分犯罪嫌疑人认罪，则全案不作"认罪"的认定。选项B错误，当选。

选项C，根据《认罪认罚意见》第7条第2款的规定，犯罪嫌疑人、被告人享有程序选择权，不同意适用速裁程序、简易程序的，不影响"认罚"的认定。可知，在程序上，认罚包含对诉讼程序简化的认可，同意通过适用克减部分诉讼权利来对自己定罪量刑，但是仍然不能剥夺被告人的程序选择权。选项C错误，当选。

选项D，根据《认罪认罚意见》第8条第1款的规定，可以从宽不是一律从宽，对犯罪性质和危害后果特别严重、犯罪手段特别残忍、社会影响特别恶劣的犯罪嫌疑人、被告人，认罪认罚不足以从轻处罚的，依法不予从宽处罚。选项D错误，当选。

总结归纳

认罪认罚的适用范围：认罪认罚"无禁区"。

(2) [考点] 认罪认罚从宽原则

[答案] D

[解析] 本题考查了审查起诉阶段认罪认罚制度的适用。

选项A，根据《认罪认罚意见》第10条第1、2款的规定，人民法院、人民检察院、公安机关办理认罪认罚案件，应当保障犯罪嫌疑人、被告人获得有效法律帮助，确保其了解认罪认罚的性质和法律后果，自愿认罪认罚。犯罪嫌疑人、被告人自愿认罪认罚，没有辩护人的，人民法院、人民检察院、公安机关（看守所）应当通知值班律师为其提供法律咨询、程序选择建议、申请变更强制措施等法律帮助。符合通知辩护条件的，应当依法通知法律援助机构指派律师为其提供辩护。但是，由于本案犯罪嫌疑人均为未成年人，其认罪认罚，没有辩护人的，应当通知法律援助机构为其提供法律援助辩护。选项A错误。

选项B，根据《认罪认罚意见》第16条的规定，办理认罪认罚案件，应当听取被害人及其诉讼代理人的意见，并将犯罪嫌疑人、被告人是否与被害方达成和解协议、调解协议或者赔偿被害方损失，取得被害方谅解，作为从宽处罚的重要考虑因素。又根据《认罪认罚意见》第18条的规定，被害人及其诉讼代理人不同意对认罪认罚的犯罪嫌疑人、被告人从宽处理的，不影响认罪认罚从宽制度的适用。犯罪嫌疑人、被告人认罪认罚，但没有退赃退赔、赔偿损失，未能与被害方达成调解或者和解协议的，从宽时应当予以酌减。犯罪嫌疑人、被告人自愿认罪并且愿意积极赔偿损失，但由于被害方赔偿请求明显不合理，未能达成调解或者和解协议的，一般不影响对犯罪嫌疑人、被告人从宽处理。可知，被害人及其诉讼代理人不同意对认罪认罚的犯罪嫌疑人、被告人从宽处理的，不影响认罪认罚从宽制度的适用。选项B错误。

选项C，《刑事诉讼法》第182条第1款规定，犯罪嫌疑人自愿如实供述涉嫌犯罪的事实，有重大立功或者案件涉及国家重大利益的，经最高人民检察院核准，公安机关可以撤销案件，人民检察院可以作出不起诉决定，也可以对涉嫌数罪中的一项或者多项不起诉。可知，认罪认罚并不等于免予处罚。选项C还遗漏了"最高人民检察院核准"的必要条件。选项C错误。

选项D，根据《认罪认罚意见》第31条的规定，犯罪嫌疑人自愿认罪，同意量刑建议和程序适用的，应当在辩护人或者值班律师在场的情况下签署认罪认罚具结书。犯罪嫌疑人认罪认罚，有下列情形之一的，不需要签署认罪认罚具结书：①犯罪嫌疑人是盲、聋、哑人，或者是尚未完全丧失辨认或者控制自己行为能力的精神病人的；②未成年犯罪嫌疑人的法定代理人、辩护人对未成年人认罪认罚有异议的；③其他不需要签署认罪认罚具结书的情形。上述情形犯罪嫌疑人未签署认罪认罚具结书的，不影响认罪认罚从宽制度的适用。选项D正确。

📝 **总结归纳**

（1）强制法律援助辩护：盲聋哑、半疯傻、死无缺、未长大；

（2）认罪认罚案件免予处罚的条件：如实供、大立功、高检核；

（3）无需签署认罪认罚具结书的特殊情形：盲聋哑、半疯傻、小孩法辩不认罚。

（3）考点 审判阶段认罪认罚从宽原则

答案 ABCD

解析 选项A，根据《刑事诉讼法》第201条第1款的规定，对于认罪认罚案件，人民法院依法作出判决时，一般应当采纳人民检察院指控的罪名和量刑建议，但有下列情形的除外：①被告人的行为不构成犯罪或者不应当追究其刑事责任的；②被告人违背意愿认罪认罚的；③被告人否认指控的犯罪事实的；④起诉指控的罪名与审理认定的罪名不一致的；⑤其他可能影响公正审判的情形。可知，即使是认罪认罚的案件，法院也不是必须采纳检察院指控的罪名和量刑建议，选项忽略了例外情形。选项A错误，当选。

选项B，根据《刑事诉讼法》第201条第2款的规定，人民法院经审理认为量刑建议明显不当，或者被告人、辩护人对量刑建议提出异议的，人民检察院可以调整量刑建议。人民检察院不调整量刑建议或者调整量刑建议后仍然明显不当的，人民法院应当依法作出判决。可知，选项中法院并未违反法定程序。根据《人民检察院办理认罪认罚案件开展量刑建议工作的指导意见》第37条的规定，人民法院违反《刑事诉讼法》第201条第2款规定，未告知人民检察院调整量刑建议而直接作出判决的，人民检察院一般应当以违反法定程序为由依法提出抗诉。根据《人民检察院办理认罪认罚案件开展量刑建议工作的指导意见》第38条的规定，认罪认罚案件审理中，人民法院认为量刑建议明显不当建议人民检察院调整，人民检察院不予调整或者调整后人民法院不予采纳，人民检察院认为判决、裁定量刑确有错误的，应当依法提出抗诉，或者根据案件情况，通过提出检察建议或者发出纠正违法通知书等进行监督。选项B错误，当选。

选项C，根据《人民检察院办理认罪认罚案件开展量刑建议工作的指导意见》第34条的规定，被告人签署认罪认罚具结书后，庭审中反悔不再认罪认罚的，人民检察院应当了解反悔的原因，被告人明确不再认罪认罚的，人民检察院应当建议人民法院不再适用认罪认罚从宽制度，撤回从宽量刑建议，并建议法院在量刑时考虑相应情况。依法需要转为普通程序或者简易程序审理的，人民检察院应当向人民法院提出建议。又根据同法第35条的规定，被告人认罪认罚而庭审中辩护人作无罪辩护的，人民检察院应当核实被告人认罪认罚的真实性、自愿性。被告人仍然认罪认罚的，可以继续适用认罪认罚从宽制度，被告人反悔不再认罪认罚的，按照本意见第34条的规定处理。可知，选项中，辩护人坚持作无罪辩护的，并不等于被告人不认罪，只有当被告人反悔不再认罪认罚时，才按照本意见第34条的规定处理。选项C错误，当选。

选项D，根据《人民检察院办理认罪认罚案件开展量刑建议工作的指导意见》第39条的规定，认罪认罚案件中，人民法院采纳人民检察院提出的量刑建议作出判决、裁定，被告人仅以量刑过重为由提出上诉，因被告人反悔不再认罪认罚致从宽量刑明显不当的，人民检察院应当依法提出抗诉。可知，如果检察院因被告人反悔不再认罪认罚致从宽量刑明显不当依法提出抗诉的，法院可以加重对被告人的刑罚，否则二审法院应当遵守上诉不加刑原则，不能主动加重对被告人的刑罚。选项D错误，当选。

📝 **总结归纳**

（1）法院不采纳检察院量刑建议的情形：无罪、无责、违意愿、否认、不一或其他，量刑建议不采纳；量刑建议显不当，应当建议其调整，仍然不当依法判。

（2）认罪认罚之后反悔的处理：认罪之后若反悔，一夜回到认罪前。

（3）上诉不加刑原则的判断方法：被上被抗不加刑，其他通通不加刑。

第3讲 刑事诉讼中的专门机关和诉讼参与人

14. 关于专门机关的职权和组织体系，下列说法正确的是：（　　）

A. 公安机关统一领导、分级管理，对超出自己管辖的地区发布通缉令，应报有权的上级公安机关发布

B. 法院上下级之间是监督指导关系，青海某法院"垂帘听审"事件，说明上级法院有权对下级法院进行业务指导

C. 检察院办理直接受理侦查的案件，应当由设区的市级检察院立案侦查，设区的市级检察院根据案件情况也可以将案件交由基层检察院立案侦查，说明检察院上下级之间是领导关系

D. 狱警高某在监狱猥亵罪犯贾某，该案应当由监狱负责侦查

考点 公检法机关的职权和组织体系

15. 2021 年 7 月 31 日，经警方调查，吴某某因涉嫌强奸罪被北京市朝阳区公安分局依法刑事拘留；8 月 16 日，朝阳区人民检察院经依法审查，对犯罪嫌疑人吴某某以涉嫌强奸罪批准逮捕。后朝阳区人民检察院依法对吴某某提起公诉，被害人都某某针对吴某某提起了附带民事诉讼。关于吴某某和都某某共有的诉讼权利，下列表述正确的是：（　　）

A. 都有权申请回避

B. 都有权自案件移送审查起诉之日起委托诉讼代理人

C. 对一审判决的量刑不服都可以上诉

D. 都有权对检察院的不起诉决定向上一级检察院提出申诉

考点 诉讼参与人的诉讼权利

16. 王某和马某婚后感情一直不好，后马某在外面又另外找了一个男子宋某结婚。本案被人民检察院以重婚罪提起了公诉，关于王某和马某在诉讼中享有的权利，下列说法正确的是：（　　）

A. 王某可以随时委托代理人

B. 王某对于本案一审判决不服，可以向上一级人民法院上诉

C. 本案马某可以提起反诉

D. 本案马某自侦查机关第一次讯问或采取强制措施之日起有权委托辩护人

考点 当事人的诉讼权利

17. 张某与罗某发生口角，张某一怒之下顺手拿起向某放在桌子上的手机砸向罗某，致罗某重伤，向某的手机受损。检察院向法院提起公诉。关于本案中罗某和向某的诉讼权利，下列说法不正确的是：（　　）

　　A. 罗某与向某有权直接向法院控告张某的故意伤害行为

　　B. 罗某针对一审法院作出的刑事判决不服，向某针对一审附带民事判决不服，有权向上一级法院提出上诉

　　C. 如果检察院作出不起诉决定，向某有权向上一级检察院提出申诉

　　D. 针对公安机关作出的不立案决定，向某有权向法院提起刑事自诉

　　[考点] 被害人、附带民事诉讼原告人的诉讼权利

18. 孙某某因不满医生杨某对其母亲的治疗，怀恨在心、意图报复。12 月 24 日 6 时许，孙某某在急诊抢救室内，持事先准备的尖刀反复切割、扎刺值班医生杨某颈部，致杨某死亡。孙某某作案后报警投案，被公安机关抓获。关于本案中孙某某的救济性权利，下列表述正确的是：（　　）

　　A. 对侦查人员侵犯诉讼权利和人身侮辱的行为，有权提出控告

　　B. 对一审未生效的判决有权请求人民检察院向上一级人民法院抗诉

　　C. 对人民检察院作出的存疑不起诉决定，有权向该人民检察院申诉

　　D. 法庭审理阶段有权作最后陈述

　　[考点] 犯罪嫌疑人、被告人的诉讼权利

19. 罗小翔（17 岁）被张小翔（16 岁）强制猥亵，检察院依法向法院提起公诉。在刑事诉讼中，依据法律规定，罗小翔的父亲罗大翔及张小翔的父亲张大翔享有下列哪些权利？（　　）

　　A. 罗大翔有申请审判人员回避的权利

　　B. 张大翔有权为张小翔申请取保候审

　　C. 张大翔可以在张小翔最后陈述后，对其陈述进行补充

　　D. 罗大翔无需罗小翔同意即可上诉，其有独立的上诉权

　　[考点] 法定代理人的诉讼权利

20. 在罗某被控故意杀人案的审理中，公诉人出示了罗某女儿殷某（小学生，9 岁）以及被害人张某的妻子鄢某的证言。殷某证称，案发当晚她一直和罗某在一起，罗某没有作案时间。鄢某证称，案发当晚她亲眼看到罗某持刀从张某办公室跑出来，神情慌张。据此，下列哪些选项是错误的？（　　）

　　A. 殷某年幼，其证言不能作为证据出示

　　B. 鄢某与案件有利害关系，其证言不可以作为定案的根据

　　C. 殷某和鄢某作证支出的交通、住宿、就餐等费用，由败诉方承担

　　D. 辩护人对鄢某的证言有异议且该证言对定罪量刑有重大影响，法院认为证人有必要出庭作证的，鄢某应当出庭作证，如果拒绝出庭，法院可以强制其出庭

　　[考点] 证人的特点与出庭规则

21. 王法医从事法医工作近30年,曾参与北京市多起重大疑难案件的办理。在某重大毒品案中,王法医受北京市人民检察院的指派,担任了本案的鉴定人。关于本案鉴定人的有关程序,下列表述正确的是:( )

A. 王法医应当出庭作证,否则该鉴定意见不能作为定案依据

B. 王法医必须是与案件没有利害关系的人,否则该鉴定意见不能作为定案依据

C. 王法医猜测性、评论性、推断性的意见,不得作为定案依据

D. 王法医因在诉讼中作证,人身安全面临危险的,有权要求公检法机关对其人身和住宅采取专门性保护措施

[考 点] 鉴定人

答案及解析

14. [考 点] 公检法机关的职权和组织体系

[答 案] AC

[解 析] 选项A,我国公安机关实行统一领导、分级管理、条块结合和以块为主的管理体制。上下级之间是领导关系。根据《刑事诉讼法》第155条的规定,应当逮捕的犯罪嫌疑人如果在逃,公安机关可以发布通缉令,采取有效措施,追捕归案。各级公安机关在自己管辖的地区以内,可以直接发布通缉令;超出自己管辖的地区,应当报请有权决定的上级机关发布。选项A正确。

选项B,人民法院上下级之间是监督与被监督的关系,各具体法院在具体案件的审判过程中独立行使审判权,包括上级人民法院在内的其他人民法院无权干涉。上级人民法院对下级人民法院的监督必须通过法定的程序进行,如改变管辖、在第二审程序中撤销错误的判决等。选项B错误。

选项C,根据《高检规则》第14条的规定,人民检察院办理直接受理侦查的案件,由设区的市级人民检察院立案侦查。基层人民检察院发现犯罪线索的,应当报设区的市级人民检察院决定立案侦查。设区的市级人民检察院根据案件情况也可以将案件交由基层人民检察院立案侦查,或者要求基层人民检察院协助侦查。对于刑事执行派出检察院辖区内与刑事执行活动有关的犯罪线索,可以交由刑事执行派出检察院立案侦查。最高人民检察院、省级人民检察院发现犯罪线索的,可以自行立案侦查,也可以将犯罪线索交由指定的省级人民检察院或者设区的市级人民检察院立案侦查。可知,人民检察院上下级之间为领导关系,因此,上级人民检察院可以将案件交由下级人民检察院立案侦查。选项C正确。

选项D,监狱侦查的案件是罪犯在监狱内的犯罪,选项中狱警高某并不属于罪犯,因此该案不应由监狱侦查。选项D错误。

✏ 总结归纳

公检法上下级之间的关系:公检上下是领导,法院上下是监督。

15. [考点] 诉讼参与人的诉讼权利

[答案] AB

[解析] 诉讼参与人一般可分为两大类：①当事人；②其他诉讼参与人。当事人，是指与案件的结局有着直接利害关系，对刑事诉讼进程发挥着较大影响作用的诉讼参与人。根据《刑事诉讼法》的规定，当事人包括被害人、自诉人、犯罪嫌疑人、被告人、附带民事诉讼的原告人和被告人。其他诉讼参与人，是指除公安司法人员以及当事人之外，参与诉讼活动并在诉讼中享有一定的诉讼权利、承担一定的诉讼义务的人。根据《刑事诉讼法》第 108 条第 4 项的规定，其他诉讼参与人包括法定代理人、诉讼代理人、辩护人、证人、鉴定人和翻译人员。本题中，吴某某属于犯罪嫌疑人、被告人，同时属于附带民事诉讼的被告人，都某某属于被害人以及附带民事诉讼的原告人。

选项 A，根据《刑事诉讼法》第 29 条的规定，审判人员、检察人员、侦查人员有下列情形之一的，应当自行回避，当事人及其法定代理人也有权要求他们回避：①是本案的当事人或者是当事人的近亲属的；②本人或者他的近亲属和本案有利害关系的；③担任过本案的证人、鉴定人、辩护人、诉讼代理人的；④与本案当事人有其他关系，可能影响公正处理案件的。可知，双方当事人都可以申请回避。选项 A 当选。

选项 B，根据《刑事诉讼法》第 46 条第 1 款的规定，公诉案件的被害人及其法定代理人或者近亲属，附带民事诉讼的当事人及其法定代理人，自案件移送审查起诉之日起，有权委托诉讼代理人。自诉案件的自诉人及其法定代理人，附带民事诉讼的当事人及其法定代理人，有权随时委托诉讼代理人。可知，本案中，吴某某和都某某作为公诉案件中附带民事诉讼的双方当事人，自案件移送审查起诉之日起，有权委托诉讼代理人。选项 B 当选。

选项 C，根据《刑事诉讼法》第 227 条的规定，被告人、自诉人和他们的法定代理人，不服地方各级人民法院第一审的判决、裁定，有权用书状或者口头向上一级人民法院上诉。被告人的辩护人和近亲属，经被告人同意，可以提出上诉。附带民事诉讼的当事人和他们的法定代理人，可以对地方各级人民法院第一审的判决、裁定中的附带民事诉讼部分，提出上诉。对被告人的上诉权，不得以任何借口加以剥夺。又根据《刑事诉讼法》第 229 条的规定，被害人及其法定代理人不服地方各级人民法院第一审的判决的，自收到判决书后 5 日以内，有权请求人民检察院提出抗诉。人民检察院自收到被害人及其法定代理人的请求后 5 日以内，应当作出是否抗诉的决定并且答复请求人。可知，都某某作为被害人对刑事判决部分没有上诉权，只能请求检察院抗诉。选项 C 不当选。

选项 D，根据《刑事诉讼法》第 180 条的规定，对于有被害人的案件，决定不起诉的，人民检察院应当将不起诉决定书送达被害人。被害人如果不服，可以自收到决定书后 7 日以内向上一级人民检察院申诉，请求提起公诉。人民检察院应当将复查决定告知被害人。对人民检察院维持不起诉决定的，被害人可以向人民法院起诉。被害人也可以不经申诉，直接向人民法院起诉。人民法院受理案件后，人民检察院应当将有关案件材料移送人民法院。又根据《刑事诉讼法》第 181 条的规定，对于人民检察院依照《刑事诉讼法》第177条第2款规定作出的不起诉决定，被不起诉人如果不服，可以自收到决定书后7日以内向人民检察院申诉。人民检察院应当作出复查决定，通知被不起诉的人，同时抄送公安机关。可知，犯罪嫌疑人吴某某只能针对酌定不起诉决定向原检察院提出申诉。选项D不当选。

16. [考 点] 当事人的诉讼权利

[答 案] D

[解 析] 本题考查了刑事诉讼中被害人和犯罪嫌疑人、被告人的诉讼权利。由于不同当事人在诉讼中的权利设置不同，因此本题的解题关键在于先确定当事人的身份，然后再分析其享有的诉讼权利。本案由人民检察院提起了公诉，因此，王某是公诉案件的被害人，马某是本案的犯罪嫌疑人、被告人。

选项A，根据《刑事诉讼法》第46条第1款的规定，公诉案件的被害人及其法定代理人或者近亲属，附带民事诉讼的当事人及其法定代理人，自案件移送审查起诉之日起，有权委托诉讼代理人。自诉案件的自诉人及其法定代理人，附带民事诉讼的当事人及其法定代理人，有权随时委托诉讼代理人。可知，被害人自案件移送审查起诉之日起，有权委托诉讼代理人，故被害人委托诉讼代理人的时间为移送审查起诉之日起。选项A错误。

选项B，根据《刑事诉讼法》第229条的规定，被害人及其法定代理人不服地方各级人民法院第一审的判决的，自收到判决书后5日以内，有权请求人民检察院提出抗诉。人民检察院自收到被害人及其法定代理人的请求后5日以内，应当作出是否抗诉的决定并且答复请求人。可知，被害人没有上诉权，只能请求检察院抗诉。选项B错误。

选项C，根据《刑诉解释》第334条第1款的规定，告诉才处理和被害人有证据证明的轻微刑事案件的被告人或者其法定代理人在诉讼过程中，可以对自诉人提起反诉。可知，公诉案件并不能提起反诉。选项C错误。

选项D，根据《刑事诉讼法》第34条第1款的规定，犯罪嫌疑人自被侦查机关第一次讯问或者采取强制措施之日起，有权委托辩护人；在侦查期间，只能委托律师作为辩护人。被告人有权随时委托辩护人。可知，选项D正确。

17. [考 点] 被害人、附带民事诉讼原告人的诉讼权利

[答 案] ABCD

[解 析] 选项A，根据《刑事诉讼法》第110条第2、3款的规定，被害人对侵犯其人身、财产权利的犯罪事实或者犯罪嫌疑人，有权向公安机关、人民检察院或者人民法院报案或者控告。公安机关、人民检察院或者人民法院对于报案、控告、举报，都应当接受。对于不属于自己管辖的，应当移送主管机关处理，并且通知报案人、控告人、举报人；对于不属于自己管辖而又必须采取紧急措施的，应当先采取紧急措施，然后移送主管机关。可知，被害人罗某有权向法院控告，但是向某并非伤害案的被害人，向某只能向法院举报而非控告。选项A错误，当选。

选项B，根据《刑事诉讼法》第227条的规定，被告人、自诉人和他们的法定代

理人，不服地方各级人民法院第一审的判决、裁定，有权用书状或者口头向上一级人民法院上诉。被告人的辩护人和近亲属，经被告人同意，可以提出上诉。附带民事诉讼的当事人和他们的法定代理人，可以对地方各级人民法院第一审的判决、裁定中的附带民事诉讼部分，提出上诉。对被告人的上诉权，不得以任何借口加以剥夺。又根据《刑事诉讼法》第229条的规定，被害人及其法定代理人不服地方各级人民法院第一审的判决的，自收到判决书后5日以内，有权请求人民检察院提出抗诉。人民检察院自收到被害人及其法定代理人的请求后5日以内，应当作出是否抗诉的决定并且答复请求人。可知，罗某作为被害人，对刑事判决部分没有上诉权，只能请求检察院抗诉。向某作为附带民事诉讼原告人，对一审判决的民事部分不服可以上诉。选项B错误，当选。

选项C，根据《刑事诉讼法》第180条的规定，对于有被害人的案件，决定不起诉的，人民检察院应当将不起诉决定书送达被害人。被害人如果不服，可以自收到决定书后7日以内向上一级人民检察院申诉，请求提起公诉。人民检察院应当将复查决定告知被害人。对人民检察院维持不起诉决定的，被害人可以向人民法院起诉。被害人也可以不经申诉，直接向人民法院起诉。人民法院受理案件后，人民检察院应当将有关案件材料移送人民法院。本案向某不属于被害人，只能算附带民事诉讼原告人，不能享有上述权利。选项C错误，当选。

选项D，根据《刑诉解释》第1条第3项的规定，被害人有证据证明对被告人侵犯自己人身、财产权利的行为应当依法追究刑事责任，且有证据证明曾经提出控告，而公安机关或者人民检察院不予追究被告人刑事责任的案件，可以向法院提起自诉。可知，如果罗某对公安机关作出的不立案决定不服，可以向法院起诉，但是向某作为本案的财产受害者，可以依法提起民事诉讼，而不能提起刑事自诉。选项D错误，当选。

18. [考点] 犯罪嫌疑人、被告人的诉讼权利

[答案] A

[解析] 刑事诉讼中犯罪嫌疑人、被告人享有广泛的诉讼权利。这些诉讼权利按其性质和作用的不同，可分为救济性权利和防御性权利。

犯罪嫌疑人、被告人所享有的救济性权利主要包括：①申请复议权。对驳回回避申请的决定，有权申请复议。②控告权。对审判人员、检察人员和侦查人员侵犯公民诉讼权利和人身侮辱的行为，有权提出控告。③申请变更强制措施权。④申诉权。一是对人民检察院作出的酌定不起诉决定，有权向人民检察院申诉；二是对已经发生法律效力的判决、裁定，有权向人民法院、人民检察院提出申诉。⑤上诉权。对一审未生效的裁判有权向上一级人民法院上诉。

犯罪嫌疑人、被告人所享有的防御性权利主要有：①有权使用本民族语言文字进行诉讼。②有权自行或在辩护人协助下获得辩护；有权在法定条件下获得法院为其指定的辩护人的法律帮助；有权拒绝辩护人继续为其辩护，也有权另行委托辩护人辩护。③有权拒绝回答侦查人员提出的与本案无关的问题。④自侦查机关第一次讯问或者采取强制措施之日起，有权聘请律师提供法律咨询、代理申诉和控告、代

为申请取保候审等。⑤有权在开庭前 10 日收到起诉书副本。⑥有权参加法庭调查，就指控事实发表陈述，对证人、鉴定人发问，辨认、鉴别物证，听取未到庭的证人的证言笔录、鉴定人的鉴定结论、勘验检查笔录和其他证据文书，并就上述书面证据发表意见；有权申请通知新的证人到庭，调取新的物证，申请重新鉴定或者勘验。⑦有权参加法庭辩论，对证据和案件情况发表意见并且可以互相辩论。⑧有权向法庭作最后陈述。⑨自诉案件的被告人有权对自诉人提出反诉；等等。

选项 A，根据《刑事诉讼法》第 14 条的规定，人民法院、人民检察院和公安机关应当保障犯罪嫌疑人、被告人和其他诉讼参与人依法享有的辩护权和其他诉讼权利。诉讼参与人对于审判人员、检察人员和侦查人员侵犯公民诉讼权利和人身侮辱的行为，有权提出控告。选项 A 正确。

选项 B，根据《刑事诉讼法》第 227 条的规定，被告人、自诉人和他们的法定代理人，不服地方各级人民法院第一审的判决、裁定，有权用书状或者口头向上一级人民法院上诉。被告人的辩护人和近亲属，经被告人同意，可以提出上诉。附带民事诉讼的当事人和他们的法定代理人，可以对地方各级人民法院第一审的判决、裁定中的附带民事诉讼部分，提出上诉。对被告人的上诉权，不得以任何借口加以剥夺。可知，被告人对一审未生效的判决不服，可以提出上诉，而不是请求人民检察院抗诉。选项 B 错误。

选项 C，根据《刑事诉讼法》第 181 条的规定，对于人民检察院依照《刑事诉讼法》第 177 条第 2 款规定作出的不起诉决定，被不起诉人如果不服，可以自收到决定书后 7 日以内向人民检察院申诉。人民检察院应当作出复查决定，通知被不起诉的人，同时抄送公安机关。可知，被不起诉人只能就酌定不起诉决定向原检察院申诉。选项 C 说的并不是酌定不起诉而是存疑不起诉。选项 C 错误。

选项 D，最后陈述权的确是被告人享有的一项诉讼权利，但是此项权利并不属于救济性权利，而属于防御性权利。因此，选项 D 答非所问，错误。

19. [考点] 法定代理人的诉讼权利

[答案] ABC

[解析] 法定代理人是由法律规定的对被代理人负有专门保护义务并代其进行诉讼的人。根据《刑事诉讼法》第 108 条第 3 项的规定，法定代理人包括被代理人的父母、养父母、监护人和负有保护责任的机关、团体的代表。法定代理人虽然享有广泛的与被代理人大致相同的诉讼权利，但是法定代理人不能代替被告人作陈述，如被告人的最后陈述权。本案中，罗小翔的父亲罗大翔及张小翔的父亲张大翔分别属于被害人的法定代理人和犯罪嫌疑人、被告人的法定代理人。

选项 A，当事人都享有申请回避的权利，因此罗大翔作为本案被害人的法定代理人，也有申请审判人员回避的权利。选项 A 当选。

选项 B，犯罪嫌疑人、被告人本人有权申请取保候审，因此张大翔作为犯罪嫌疑人、被告人的法定代理人，也有权为张小翔申请取保候审。选项 B 当选。

选项 C，根据《刑事诉讼法》第 281 条第 4 款的规定，审判未成年人刑事案件，未成年被告人最后陈述后，其法定代理人可以进行补充陈述。选项 C 当选。

选项 D，根据《刑事诉讼法》第 229 条的规定，被害人及其法定代理人不服地方各级人民法院第一审的判决的，自收到判决书后 5 日以内，有权请求人民检察院提出抗诉。人民检察院自收到被害人及其法定代理人的请求后 5 日以内，应当作出是否抗诉的决定并且答复请求人。罗小翔作为本案的被害人并没有上诉权，因此罗大翔作为被害人的法定代理人也不能享有上诉权。选项 D 不当选。

✎ **总结归纳**

法定代理人的权限和地位：权限似本人，地位很独立。

20. [考 点] 证人的特点与出庭规则

[答 案] ABC

[解 析] 选项 A，根据《刑事诉讼法》第 62 条的规定，凡是知道案件情况的人，都有作证的义务。生理上、精神上有缺陷或者年幼，不能辨别是非、不能正确表达的人，不能作证人。殷某虽然年幼，但是如果殷某能够辨别是非、能够正确表达，那么殷某依然具备证人资格。选项 A 错误，当选。

选项 B，证人具有不可替代性，因此证人并不会因为有利害关系而回避。根据《刑诉解释》第 143 条的规定，下列证据应当慎重使用，有其他证据印证的，可以采信：①生理上、精神上有缺陷，对案件事实的认知和表达存在一定困难，但尚未丧失正确认知、表达能力的被害人、证人和被告人所作的陈述、证言和供述；②与被告人有亲属关系或者其他密切关系的证人所作的有利于被告人的证言，或者与被告人有利害冲突的证人所作的不利于被告人的证言。可知，鄢某作为与被告人有利害冲突的证人，其所作的不利于被告人的证言需要补强，方可采信。选项 B 错误，当选。

选项 C，根据《刑事诉讼法》第 65 条的规定，证人因履行作证义务而支出的交通、住宿、就餐等费用，应当给予补助。证人作证的补助列入司法机关业务经费，由同级政府财政予以保障。有工作单位的证人作证，所在单位不得克扣或者变相克扣其工资、奖金及其他福利待遇。可知，证人作证支出的费用由同级政府财政予以保障，而非由败诉方承担。选项 C 错误，当选。

选项 D，根据《刑事诉讼法》第 192 条第 1 款的规定，公诉人、当事人或者辩护人、诉讼代理人对证人证言有异议，且该证人证言对案件定罪量刑有重大影响，人民法院认为证人有必要出庭作证的，证人应当出庭作证。又根据《刑事诉讼法》第 193 条的规定，经人民法院通知，证人没有正当理由不出庭作证的，人民法院可以强制其到庭，但是被告人的配偶、父母、子女除外。证人没有正当理由拒绝出庭或者出庭后拒绝作证的，予以训诫，情节严重的，经院长批准，处以 10 日以下的拘留。被处罚人对拘留决定不服的，可以向上一级人民法院申请复议。复议期间不停止执行。可知，本案证人满足应当出庭的条件，经法院通知，没有正当理由不出庭作证的，法院可以强制其到庭。选项 D 正确，不当选。

📝 **总结归纳**

（1）证人经济保障权：证人吃住行，均由财政担；

（2）证人应当出庭的条件：有异议、有影响、有必要；

（3）证人拒绝出庭的后果：强制训诫或拘留，排除拒绝不真实。

21. [考 点] 鉴定人

[答 案] BD

[解 析] 选项A，根据《刑事诉讼法》第192条第3款的规定，公诉人、当事人或者辩护人、诉讼代理人对鉴定意见有异议，人民法院认为鉴定人有必要出庭的，鉴定人应当出庭作证。经人民法院通知，鉴定人拒不出庭作证的，鉴定意见不得作为定案的根据。可知，鉴定人并非必须出庭作证，只有当鉴定人应当出庭而拒不出庭时，鉴定意见才不得作为定案依据。选项A错误。

选项B，根据《刑诉解释》第98条的规定，鉴定意见具有下列情形之一的，不得作为定案的根据：①鉴定机构不具备法定资质，或者鉴定事项超出该鉴定机构业务范围、技术条件的；②鉴定人不具备法定资质，不具有相关专业技术或者职称，或者违反回避规定的；③送检材料、样本来源不明，或者因污染不具备鉴定条件的；④鉴定对象与送检材料、样本不一致的；⑤鉴定程序违反规定的；⑥鉴定过程和方法不符合相关专业的规范要求的；⑦鉴定文书缺少签名、盖章的；⑧鉴定意见与案件事实没有关联的；⑨违反有关规定的其他情形。根据上述第2项的规定可知，鉴定人违反回避规定的，该鉴定意见不能作为定案依据。选项B正确。

选项C，鉴定人，是指接受公安司法机关的指派或者聘请，运用自己的专门知识或者技能对刑事案件中的专门性问题进行分析判断并提出书面鉴定意见的人。根据《刑诉解释》第88条第2款的规定，证人的猜测性、评论性、推断性的证言，不得作为证据使用，但根据一般生活经验判断符合事实的除外。上述意见证据规则，只是限制证人，并不限制鉴定人。选项C错误。

选项D，根据《刑事诉讼法》第64条第1、2款的规定，对于危害国家安全犯罪、恐怖活动犯罪、黑社会性质的组织犯罪、毒品犯罪等案件，证人、鉴定人、被害人因在诉讼中作证，本人或者其近亲属的人身安全面临危险的，人民法院、人民检察院和公安机关应当采取以下一项或者多项保护措施：①不公开真实姓名、住址和工作单位等个人信息；②采取不暴露外貌、真实声音等出庭作证措施；③禁止特定的人员接触证人、鉴定人、被害人及其近亲属；④对人身和住宅采取专门性保护措施；⑤其他必要的保护措施。证人、鉴定人、被害人认为因在诉讼中作证，本人或者其近亲属的人身安全面临危险的，可以向人民法院、人民检察院、公安机关请求予以保护。选项D正确。

📝 **总结归纳**

（1）鉴定人应当出庭的条件：有异议、有必要；

（2）鉴定人拒绝出庭的后果：拒绝就排除；

（3）作证人员安全保障：危恐黑毒要保护，信息音容接住他。

第4讲 管辖

22. 关于公、检、法机关在侦查或审理中的管辖问题，下列表述错误的是：（   ）

A. 公安机关在侦查抢劫案中发现嫌疑人还涉嫌非法拘禁行为，应当将非法拘禁案移送给检察院立案侦查

B. 高某系甲省乙市海关科长，与走私集团通谋，利用职权走私国家禁止出口的文物，情节特别严重，本案经甲省检察院决定，可由检察院立案侦查

C. 检察院在侦查罗法官滥用职权案中发现嫌疑人还涉嫌受贿罪，经沟通，认为全案由检察院管辖更为适宜的，检察院可以并案管辖

D. 法院审理白某强奸一案，发现被告人白某还有贪污罪正在被监察机关立案调查，可以协商监察机关并案审理，但可能造成审判过分迟延的除外

[考点] 立案管辖的分工、竞合、并案

23. 林某明知洪某实施犯罪，仍为其提供网游网站，并将玩家充值到游戏里的1.2万元转走。林某明知张某实施犯罪，仍为其提供钓鱼网站，窃取玩家账号和密码，将账户内的资金转走。关于本案的管辖问题，下列表述正确的是：（   ）

A. 本案公安机关可以在其职责范围内对三人犯罪进行并案侦查

B. 本案并案侦查的，如果案情复杂，公安机关可以分案移送审查起诉

C. 如果林某的犯罪被多个公安机关立案侦查，应当报请共同的上级公安机关指定管辖

D. 人民检察院对于审查起诉的案件，发现犯罪嫌疑人还有犯罪被异地公安机关立案侦查的，应当通知移送审查起诉的公安机关

[考点] 信息网络犯罪案件的并案与分案

24. 犯罪嫌疑人罗大强涉嫌在北京市海淀区绑架被害人刘根花，将其关押在该市朝阳区，后来罗大强在该市丰台区对其进行了强奸，最后在该市通州区将其杀害。关于本案的管辖，下列说法错误的是：（   ）

A. 本案可以由海淀区、朝阳区、丰台区、通州区中的任何一个区法院进行管辖

B. 本案应当由被告人主要犯罪地的法院管辖

C. 本案如果有管辖权的法院发生了争议，应当在审理期限内协商解决；协商不成的，由争议的人民法院分别层报最高院指定管辖

D. 如果北京市高院指定本案由北京市一中院审理，那么已经受理此案的二中院应当将案

卷材料移送被指定管辖的法院，并书面通知当事人

考 点 地域管辖、级别管辖、指定管辖

25. 关于各类特殊案件的管辖，下列说法不正确的是：（ ）

A. 英国邮轮在公海航行期间，美国人杰克鹏飞在邮轮上抢劫了中国人高小云，本案由被告人被抓获地、登陆地或者入境地的法院管辖

B. 陈某（甲市人）在日本杀害了江某（乙市人），案发后陈某乘坐轮船偷渡回国，从丙市登陆后居住在丁市，2 年后，陈某在戊市被抓获，本案甲、乙、丙、丁、戊市法院均有权管辖

C. 罗某系中国甲市远洋运输公司"黎明号"货轮船员。"黎明号"航行在公海时，罗某因与另一船员张某发生口角将其打成重伤。案发后，罗某从日本大阪飞往中国乙市入境回国，货轮返回中国后首泊于丙市港口，后罗某在丁市被抓获，本案乙、丙、丁地法院均有权管辖

D. 在北京开往莫斯科的中国列车上，俄罗斯人安德烈鹏飞在列车行驶于蒙古国境内时杀害了蒙古人巴特尔翔，如果没有协议，本案的始发站和终点站的法院均有权管辖

考 点 特殊案件的管辖问题

答案及解析

22. 考 点 立案管辖的分工、竞合、并案

答 案 AC

解 析 选项A，考查的是公安机关和人民检察院的管辖分工。根据《刑事诉讼法》第19条第2款的规定，人民检察院在对诉讼活动实行法律监督中发现的司法工作人员利用职权实施的非法拘禁、刑讯逼供、非法搜查等侵犯公民权利、损害司法公正的犯罪，可以由人民检察院立案侦查。条文中的非法拘禁必须是司法工作人员利用职权实施的，才由检察院立案侦查，如果是普通人员非法拘禁，则由公安机关立案侦查。选项A错误，当选。

选项B，根据《刑事诉讼法》第19条第2款的规定，对于公安机关管辖的国家机关工作人员利用职权实施的重大犯罪案件，需要由人民检察院直接受理的时候，经省级以上人民检察院决定，可以由人民检察院立案侦查。选项B正确，不当选。

选项C，根据"两高三部一委"《关于实施刑事诉讼法若干问题的规定》第3条的规定，具有下列情形之一的，人民法院、人民检察院、公安机关可以在其职责范围内并案处理：①一人犯数罪的；②共同犯罪的；③共同犯罪的犯罪嫌疑人、被告人还实施其他犯罪的；④多个犯罪嫌疑人、被告人实施的犯罪存在关联，并案处理有利于查明案件事实的。可知，并案管辖的前提是必须在其职责范围内，而本案受贿罪属于监察机关调查的案件范围，人民检察院无权侦查。又根据《监察法》第34条的规定，人民法院、人民检察院、公安机关、审计机关等国家机关在工作中发现公职人员涉嫌贪污贿赂、失职渎职等职务违法或者职务犯罪的问题线索，应当移送

监察机关，由监察机关依法调查处置。被调查人既涉嫌严重职务违法或者职务犯罪，又涉嫌其他违法犯罪的，一般应当由监察机关为主调查，其他机关予以协助。本案由于受贿罪并不属于检察院职责范围，应当移送监察机关，由监察机关依法调查处置。选项C错误，当选。

选项D，根据《刑诉解释》第24条的规定，人民法院发现被告人还有其他犯罪被起诉的，可以并案审理；涉及同种犯罪的，一般应当并案审理。人民法院发现被告人还有其他犯罪被审查起诉、立案侦查、立案调查的，可以参照前款规定协商人民检察院、公安机关、监察机关并案处理，但可能造成审判过分迟延的除外。根据前两款规定并案处理的案件，由最初受理地的人民法院审判。必要时，可以由主要犯罪地的人民法院审判。选项D正确，不当选。

✎ 总结归纳

(1) 检察院立案侦查的范围
①司法职务犯：搜拘滥私逼；暴虐枉玩执；放假监脱逃。
②机动侦查犯：公机权大省以上。
(2) 监察机关调查的案件：贪、玩、滥、舞、责、其他。
(3) 法院直接受理的自诉案件：亲告、轻微、公转自。
(4) 交叉管辖的处理
①公检交叉，该谁给谁，再看主罪；
②普监交叉，该谁给谁，监察为主。
(5) 并案管辖的处理：数罪数人存关联，共犯还有其他罪，职责范围并案管。

23. 考点 信息网络犯罪案件的并案与分案

答案 ABD

解析 选项A，根据《最高人民法院、最高人民检察院、公安部关于办理信息网络犯罪案件适用刑事诉讼程序若干问题的意见》（以下简称《网络犯罪程序意见》）第4条第1款的规定，具有下列情形之一的，公安机关、人民检察院、人民法院可以在其职责范围内并案处理：①一人犯数罪的；②共同犯罪的；③共同犯罪的犯罪嫌疑人、被告人还实施其他犯罪的；④多个犯罪嫌疑人、被告人实施的犯罪行为存在关联，并案处理有利于查明全部案件事实的。根据本款第4项的规定，选项A正确。

选项B，根据《网络犯罪程序意见》第5条的规定，并案侦查的共同犯罪或者关联犯罪案件，犯罪嫌疑人人数众多、案情复杂的，公安机关可以分案移送审查起诉。分案移送审查起诉的，应当对并案侦查的依据、分案移送审查起诉的理由作出说明。对于前款规定的案件，人民检察院可以分案提起公诉，人民法院可以分案审理。分案处理应当以有利于保障诉讼质量和效率为前提，并不得影响当事人质证权等诉讼权利的行使。选项B正确。

选项C，根据《网络犯罪程序意见》第10条第1款的规定，犯罪嫌疑人被多个公安机关立案侦查的，有关公安机关一般应当协商并案处理，并依法移送案件。协商不成的，可以报请共同上级公安机关指定管辖。选项C忽略了"公安机关一般应当协商并案处理"的程序,错误。

选项 D,根据《网络犯罪程序意见》第 10 条第 2 款的规定,人民检察院对于审查起诉的案件,发现犯罪嫌疑人还有犯罪被异地公安机关立案侦查的,应当通知移送审查起诉的公安机关。选项 D 正确。

24. [考点] 地域管辖、级别管辖、指定管辖

[答案] ABCD

[解析] 选项 A,根据《刑事诉讼法》第 25 条的规定,刑事案件由犯罪地的人民法院管辖。如果由被告人居住地的人民法院审判更为适宜的,可以由被告人居住地的人民法院管辖。本案海淀区、朝阳区、丰台区、通州区四地法院都属于犯罪地,都有地域管辖权。但是,又根据《刑事诉讼法》第 21 条的规定,中级人民法院管辖下列第一审刑事案件:①危害国家安全、恐怖活动案件;②可能判处无期徒刑、死刑的案件。由于本案犯罪嫌疑人罗大强绑架还奸杀了人质,可能判处无期徒刑、死刑,因此应当由四地所属的中级法院管辖。选项 A 错误,当选。

选项 B,根据《刑诉解释》第 19 条第 1 款的规定,2 个以上同级人民法院都有管辖权的案件,由最初受理的人民法院审判。必要时,可以移送主要犯罪地的人民法院审判。选项 B 错误,当选。

选项 C,根据《刑诉解释》第 19 条第 2 款的规定,管辖权发生争议的,应当在审理期限内协商解决;协商不成的,由争议的人民法院分别层报共同的上级人民法院指定管辖。可知,本案只需要报请北京市高院指定管辖即可,无需报最高院。选项 C 错误,当选。

选项 D,根据《刑诉解释》第 22 条的规定,原受理案件的人民法院在收到上级人民法院改变管辖决定书、同意移送决定书或者指定其他人民法院管辖的决定书后,对公诉案件,应当书面通知同级人民检察院,并将案卷材料退回,同时书面通知当事人;对自诉案件,应当将案卷材料移送被指定管辖的人民法院,并书面通知当事人。本案是公诉案件,二中院应当将案卷材料退回二分检,同时书面通知当事人。选项 D 错误,当选。

✒️ **总结归纳**

(1) 中级人民法院管辖的案件:"危""恐""无""死""没""缺席"。

(2) 上下级法院的关系:上可以审下,下不可审上;数罪或数人,就高不就低。

(3) 地域管辖:犯罪地为主,居住地为辅;共同管辖,先到先得。

(4) 指定管辖

①具体情形:管辖不明、管辖不宜、规避管辖;

②案件移送:公诉要退回,自诉直接送。

25. [考点] 特殊案件的管辖问题

[答案] ABCD

解析 选项A，考查的是保护管辖的管辖地确定问题。根据《刑诉解释》第11条的规定，外国人在中华人民共和国领域外对中华人民共和国国家或者公民犯罪，根据《刑法》应当受处罚的，由该外国人登陆地、入境地或者入境后居住地的人民法院管辖，也可以由被害人离境前居住地或者现居住地的人民法院管辖。选项A中，被告人被抓获地法院无权管辖。选项A错误，当选。

选项B，考查的是属人管辖的管辖地确定问题。根据《刑诉解释》第10条的规定，中国公民在中华人民共和国领域外的犯罪，由其登陆地、入境地、离境前居住地或者现居住地的人民法院管辖；被害人是中国公民的，也可以由被害人离境前居住地或者现居住地的人民法院管辖。选项B中，戊市作为抓获地，该地法院并无权管辖。选项B错误，当选。

选项C，考查的是中国船舶在公海上发生刑事案件的管辖地确定问题。根据《刑诉解释》第7条的规定，在中华人民共和国领域外的中国船舶内的犯罪，由该船舶最初停泊的中国口岸所在地或者被告人登陆地、入境地的人民法院管辖。可知，丁地法院并无权管辖。选项C错误，当选。

选项D，考查的是在中国领域外的国际列车上发生刑事案件的管辖地确定问题。根据《刑诉解释》第6条的规定，在国际列车上的犯罪，根据我国与相关国家签订的协定确定管辖；没有协定的，由该列车始发或者前方停靠的中国车站所在地负责审判铁路运输刑事案件的人民法院管辖。选项D错误，当选。

✐ **总结归纳**

（1）外国人在中国之外犯罪：

①普遍管辖：抓获、登陆、入境地。

②保护管辖：被告登陆和两境；被害可有现前管。

（2）中国人在中国之外犯罪：

①属人管辖：被告登陆入境地；双方都有现前管。

②司法豁免：司法豁免回原籍。

（3）中国船舶上犯罪：

①领域内：普通管辖加登陆；

②领域外：初停、登陆、入境地。

（4）中国列车上犯罪：

①领域内：运行中抓获，前方停靠、始终管；非运行中抓获，铁路公安对应管；车站抓获也可就地管。

②领域外：没有协议始停靠。

第5讲 回 避

26. 关于回避,下列表述正确的是:(　　)

    A. 向法官作为刘某贪污案的合议庭成员,曾经在监察机关参与过本案的调查工作,刘某的妻子可以申请向法官回避

    B. 鄂某作为某案一审的书记员,后来该案二审发回重审,鄂某应当自行回避

    C. 罗某作为高某贪污案一审的合议庭组成人员,后该案因高某自杀身亡,需要追缴其违法所得而启动违法所得没收程序,罗某可以继续参与该没收程序的审理活动

    D. 被告人张某申请出庭的检察人员魏某回避,理由是魏某口音太重,法院应当决定休庭,并通知检察院

    考点 回避的对象、理由和程序

27. 甲(17岁)涉嫌故意伤害罪,在审判中,甲发现本案的陪审员王某曾经在该案的侦查阶段担任侦查人员,欲申请其回避。关于本案的回避,下列说法不正确的是:(　　)

    A. 本案甲及其父亲都有权申请王某回避,王某被申请回避后无需立即停止工作

    B. 本案王某回避应当由公安机关负责人批准

    C. 本案合议庭应当庭驳回回避申请并不得复议

    D. 王某在侦查阶段收集的证据是否有效,由决定其回避的主体作出决定

    考点 回避的程序

答案及解析

26. 考点 回避的对象、理由和程序

    答案 C

    解析 选项A,根据《刑诉解释》第29条第1款的规定,参与过本案调查、侦查、审查起诉工作的监察、侦查、检察人员,调至人民法院工作的,不得担任本案的审判人员。可知,向法官参与过本案的调查工作,不得再担任本案的审判人员。但是,根据《刑事诉讼法》第29、32条的规定可知,申请回避的主体仅限当事人及其法定代理人、诉讼代理人、辩护人,因此,刘某的妻子并无申请回避的权利。选项A错误。

选项 B，根据《刑诉解释》第 29 条第 2 款的规定，在一个审判程序中参与过本案审判工作的合议庭组成人员或者独任审判员，不得再参与本案其他程序的审判。可知，本条款仅限制合议庭组成人员或者独任审判员，并不限制书记员。选项 B 错误。

选项 C，根据《刑诉解释》第 29 条第 2 款的规定，在一个审判程序中参与过本案审判工作的合议庭组成人员或者独任审判员，不得再参与本案其他程序的审判。该规定限于不得再参与"本案"，即同一个案件。对于普通程序与缺席审判程序、违法所得没收程序、强制医疗程序等特别程序之间的转换，由于案由发生变化，不再属于同一案件，自然不受本条款规定的限制。选项 C 正确。

选项 D，根据《刑诉解释》第 36 条的规定，当事人及其法定代理人申请出庭的检察人员回避的，人民法院应当区分情况作出处理：①属于《刑事诉讼法》第 29、30 条规定情形的回避申请，应当决定休庭，并通知人民检察院尽快作出决定；②不属于《刑事诉讼法》第 29、30 条规定情形的回避申请，应当当庭驳回，并不得申请复议。可知，口音太重并不属于回避的申请理由，因此法院应当当庭驳回，并不得申请复议。选项 D 错误。

✐ **总结归纳**

(1) 回避的对象：侦、检、审、书、翻、鉴；

(2) 回避的理由：利害关系，请客送礼，参前不参后（发回重组，回来不限）；

(3) 申请回避的主体：当、法、诉、辩。

27. [考点] 回避的程序

[答案] ABCD

[解析] 根据《刑诉解释》第 29 条第 1 款的规定，参与过本案调查、侦查、审查起诉工作的监察、侦查、检察人员，调至人民法院工作的，不得担任本案的审判人员。可知，本案的陪审员王某曾经在该案的侦查阶段担任侦查人员，属于回避的理由。

选项 A，回避的申请主体有当事人、法定代理人、诉讼代理人、辩护人。本案中，甲属于当事人，其父亲属于法定代理人，二者都有权申请回避。根据《刑事诉讼法》第 31 条第 2 款的规定，对侦查人员的回避作出决定前，侦查人员不能停止对案件的侦查。本案王某是陪审员，需要暂停工作。选项 A 错误，当选。

选项 B，根据《刑事诉讼法》第 31 条第 1 款的规定，审判人员、检察人员、侦查人员的回避，应当分别由院长、检察长、公安机关负责人决定；院长的回避，由本院审判委员会决定；检察长和公安机关负责人的回避，由同级人民检察院检察委员会决定。本案陪审员王某应当由法院院长决定其回避。选项 B 错误，当选。

选项 C，根据《刑诉解释》第 35 条的规定，对当事人及其法定代理人提出的回避申请，人民法院可以口头或者书面作出决定，并将决定告知申请人。当事人及其法定代理人申请回避被驳回的，可以在接到决定时申请复议 1 次。不属于《刑事诉讼法》第 29、30 条规定情形的回避申请，由法庭当庭驳回，并不得申请复议。本案符合回避的理由，因此，对于驳回申请回避的决定，申请人有权申请复议。选项 C 错误，当选。

选项 D，根据《公安部规定》第 39 条的规定，被决定回避的公安机关负责人、侦查人员在回避决定作出以前所进行的诉讼活动是否有效，由作出决定的机关根据案件情况决定。本案中，由于王某并不是因侦查人员的身份而被决定回避，因此，其回避并不会影响他在侦查阶段行为的效力。选项 D 错误，当选。

✎ 总结归纳

（1）申请回避的主体：当、法、诉、辩。

（2）申请回避的效力：一般要暂停，侦查才除外。

（3）回避决定的主体：一般找老大，老大找组织。

（4）回避决定的救济：谁不爽，谁复议。无理取闹，当庭驳，不复议。

（5）回避决定的效力：效力待定。

第6讲 辩护与代理

28. 河北省邯郸市初一学生王某某被杀害。案件发生后，公安机关立即开展侦破工作。2024 年 3 月 11 日，涉案三名犯罪嫌疑人高甲、高乙、高丙（均未成年）被全部抓获。依据刑事诉讼法及有关规定，回答下列四个问题：

(1) 关于本案的辩护人的人数和范围，下列表述不正确的是：（　　）

    A. 向律师可以接受委托，同时担任高甲、高乙、高丙的辩护人

    B. 被告人高甲的父亲曾因犯罪被判刑，现处于缓刑考验期，可以担任高甲的辩护人

    C. 自侦查机关第一次讯问或者采取强制措施之日起，犯罪嫌疑人高乙有权委托他在公安机关任职的哥哥担任辩护人

    D. 被告人高丙的母亲曾因枉法裁判被法院开除，不得担任其辩护人

    考 点 辩护人的人数和范围

(2) 如果向律师接受法律援助指派，担任其中一名犯罪嫌疑人的辩护人，下列表述正确的是：（　　）

    A. 侦查阶段，向律师无需许可，有权向侦查机关查阅本案的案卷材料

    B. 审查起诉阶段，向律师无需许可，有权会见在押的犯罪嫌疑人，并向其核实证据材料

    C. 经被害人父亲同意，向律师即可向其调取有关的证据材料

    D. 审判阶段，被告人如果拒绝向律师为其辩护，法院应当准许

    考 点 辩护人的权利和拒绝辩护的处理

(3) 如果高乙的监护人委托罗律师担任其辩护人，关于罗律师的诉讼权利和义务，下列说法正确的是：（　　）

    A. 检察院审查批准逮捕高乙，应当讯问高乙，主动听取罗律师的意见

    B. 如果在罗律师接受委托前，法律援助机构已经指派律师为高乙提供辩护，罗律师享有优先权

    C. 罗律师收集到高乙未满 18 周岁的证据，应及时告知公安机关、检察院

    D. 罗律师在诉讼中知悉犯罪嫌疑人高乙曾经实施过间谍犯罪，应及时告知司法机关

    考 点 辩护人的权利和义务

(4) 如果被害人的父亲委托刘律师作为诉讼代理人，关于本案的诉讼代理人，下列

说法正确的是：（　　　）

A. 被害人的父亲可以在侦查阶段委托刘律师担任诉讼代理人

B. 刘律师享有独立的诉讼地位，不受委托人意志的约束

C. 刘律师可以查阅本案的案卷材料

D. 刘律师认为本案量刑不当的，经被害人同意，有权提出上诉

考点 诉讼代理人的权利和义务

答案及解析

28.（1）考点 辩护人的人数和范围

答案 ABCD

解析 选项 A，考查了辩护人的人数问题。根据《刑诉解释》第 43 条的规定，一名被告人可以委托 1 至 2 人作为辩护人。一名辩护人不得为 2 名以上的同案被告人，或者未同案处理但犯罪事实存在关联的被告人辩护。向律师同时担任高甲、高乙、高丙的辩护人，违反前述规定。选项 A 错误，当选。

选项 BC，考查了辩护人的范围问题。根据《刑诉解释》第 40 条的规定，人民法院审判案件，应当充分保障被告人依法享有的辩护权利。被告人除自己行使辩护权以外，还可以委托辩护人辩护。下列人员不得担任辩护人：①正在被执行刑罚或者处于缓刑、假释考验期间的人；②依法被剥夺、限制人身自由的人；③被开除公职或者被吊销律师、公证员执业证书的人；④人民法院、人民检察院、监察机关、公安机关、国家安全机关、监狱的现职人员；⑤人民陪审员；⑥与本案审理结果有利害关系的人；⑦外国人或者无国籍人；⑧无行为能力或者限制行为能力的人。前款第 3 项至第 7 项规定的人员，如果是被告人的监护人、近亲属，由被告人委托担任辩护人的，可以准许。

选项 B，属于上述第 1 项的禁止情形。选项 B 错误，当选。

选项 C，属于上述第 4 项的禁止情形，但是哥哥作为高乙的近亲属，还是可以担任其辩护人的。又根据《刑事诉讼法》第 34 条第 1 款的规定，犯罪嫌疑人自被侦查机关第一次讯问或者采取强制措施之日起，有权委托辩护人；在侦查期间，只能委托律师作为辩护人。被告人有权随时委托辩护人。可知，本案侦查阶段，只有律师才可以接受委托担任高乙的辩护人。选项 C 错误，当选。

选项 D，根据《法官法》第 36 条第 2、3 款的规定，法官从人民法院离任后，不得担任原任职法院办理案件的诉讼代理人或者辩护人，但是作为当事人的监护人或者近亲属代理诉讼或者进行辩护的除外。法官被开除后，不得担任诉讼代理人或者辩护人，但是作为当事人的监护人或者近亲属代理诉讼或者进行辩护的除外。可知，高丙的母亲作为其监护人，属于例外情形，仍可以担任其辩护人。选项 D 错误，当选。

✎ **总结归纳**

  （1）辩护人的人数：1人最多找2辩，1人只为1人辩。

  （2）辩护人的绝对禁止情形：刑罚执行中；自由受限；能力有限。

  （3）辩护人的相对禁止情形："现""陪""利""外""吊执照"。

  （4）法官、检察员担任辩护人的限制：两年、终身、家庭店。

（2）**考点** 辩护人的权利和拒绝辩护的处理

答案 B

解析 选项A，考查了辩护人阅卷权。根据《刑事诉讼法》第40条的规定，辩护律师自人民检察院对案件审查起诉之日起，可以查阅、摘抄、复制本案的案卷材料。其他辩护人经人民法院、人民检察院许可，也可以查阅、摘抄、复制上述材料。本案尚处于侦查阶段，即使是辩护律师也不能行使阅卷权。选项A错误。

  选项B，考查了辩护人会见权、核实证据权。根据《刑事诉讼法》第39条第1~4款的规定，辩护律师可以同在押的犯罪嫌疑人、被告人会见和通信。其他辩护人经人民法院、人民检察院许可，也可以同在押的犯罪嫌疑人、被告人会见和通信。辩护律师持律师执业证书、律师事务所证明和委托书或者法律援助公函要求会见在押的犯罪嫌疑人、被告人的，看守所应当及时安排会见，至迟不得超过48小时。危害国家安全犯罪、恐怖活动犯罪案件，在侦查期间辩护律师会见在押的犯罪嫌疑人，应当经侦查机关许可。上述案件，侦查机关应当事先通知看守所。辩护律师会见在押的犯罪嫌疑人、被告人，可以了解案件有关情况，提供法律咨询等；自案件移送审查起诉之日起，可以向犯罪嫌疑人、被告人核实有关证据。辩护律师会见犯罪嫌疑人、被告人时不被监听。可知，本案中，审查起诉阶段，向律师无需经过许可即可会见本案的犯罪嫌疑人，并向其核实证据。选项B正确。

  选项C，考查了辩护人取证权。根据《刑事诉讼法》第43条的规定，辩护律师经证人或者其他有关单位和个人同意，可以向他们收集与本案有关的材料，也可以申请人民检察院、人民法院收集、调取证据，或者申请人民法院通知证人出庭作证。辩护律师经人民检察院或者人民法院许可，并且经被害人或者其近亲属、被害人提供的证人同意，可以向他们收集与本案有关的材料。可知，本案中，向律师向被害人近亲属取证还得经过人民检察院或者人民法院许可。选项C错误。

  选项D，考查了被告人拒绝辩护的处理。根据《刑诉解释》第50条的规定，被告人拒绝法律援助机构指派的律师为其辩护，坚持自己行使辩护权的，人民法院应当准许。属于应当提供法律援助的情形，被告人拒绝指派的律师为其辩护的，人民法院应当查明原因。理由正当的，应当准许，但被告人应当在5日以内另行委托辩护人；被告人未另行委托辩护人的，人民法院应当在3日以内通知法律援助机构另行指派律师为其提供辩护。本案属于应当提供法律援助的情形，因此，被告人拒绝法律援助律师为其辩护的，人民法院应当查明原因。

选项D错误。

✎ **总结归纳**

（1）辩护人的阅卷权：非律阅卷要许可，律师阅卷不用批，均自审查起诉起。

（2）辩护人的会见权：非律会见要许可，律师一般不用批，律师会见凭三证，危恐除外要许可。侦查律师可会见，核证等到下阶段。

（3）辩护人的取证权：非律没有取证权，律师取证需同意，控方证人双重许，若有困难申请取。

（4）强制法律援助辩护的情形："盲聋哑、半疯傻、死无缺、未长大"。

（5）拒绝辩护的处理

①强制款：有理-1次-有人辩；

②普通款：无理-2次-自己辩。

（3）**考点** 辩护人的权利和义务

答案 A

解析 选项A，根据《刑事诉讼法》第280条的规定，对未成年犯罪嫌疑人、被告人应当严格限制适用逮捕措施。人民检察院审查批准逮捕和人民法院决定逮捕，应当讯问未成年犯罪嫌疑人、被告人，听取辩护律师的意见。对被拘留、逮捕和执行刑罚的未成年人与成年人应当分别关押、分别管理、分别教育。选项A正确。

选项B，根据《刑诉解释》第51条的规定，对法律援助机构指派律师为被告人提供辩护，被告人的监护人、近亲属又代为委托辩护人的，应当听取被告人的意见，由其确定辩护人人选。选项B错误。

选项C，根据《刑事诉讼法》第42条的规定，辩护人收集的有关犯罪嫌疑人不在犯罪现场、未达到刑事责任年龄、属于依法不负刑事责任的精神病人的证据，应当及时告知公安机关、人民检察院。可知，选项中高乙未满18周岁，并不符合法律规定的未达到刑事责任年龄的情形。选项C错误。

选项D，根据《刑事诉讼法》第48条的规定，辩护律师对在执业活动中知悉的委托人的有关情况和信息，有权予以保密。但是，辩护律师在执业活动中知悉委托人或者其他人，准备或者正在实施危害国家安全、公共安全以及严重危害他人人身安全的犯罪的，应当及时告知司法机关。可知，本案中，罗律师知悉犯罪嫌疑人"曾经实施过"间谍犯罪，应当予以保密。选项D错误。

✎ **总结归纳**

（1）应当主动听取辩护人意见的几种情形：批捕未成年，审查起诉中，二审不开庭，死刑上抗案，认罪又认罚；

（2）辩护人应当及时告知公、检的证据可以概括为：不在场、不够大、不正常；

（3）辩护人的保密义务可以概括为：过去通通要保密，将来"国""公""人身"要揭发。

（4）**考点**　诉讼代理人的权利和义务

答案　C

解析　本题综合考查了诉讼代理人的地位和权限以及和辩护人的差异。

选项 A，根据《刑事诉讼法》第 46 条第 1 款的规定，公诉案件的被害人及其法定代理人或者近亲属，附带民事诉讼的当事人及其法定代理人，自案件移送审查起诉之日起，有权委托诉讼代理人。自诉案件的自诉人及其法定代理人，附带民事诉讼的当事人及其法定代理人，有权随时委托诉讼代理人。可知，公诉案件，被害人的近亲属在侦查阶段无权委托诉讼代理人。选项 A 错误。

选项 B，诉讼代理，是指接受公诉案件的被害人及其法定代理人或者近亲属、自诉案件的自诉人及其法定代理人、附带民事诉讼的当事人及其法定代理人的委托，以被代理人的名义参加诉讼，由被代理人承担代理行为的法律后果的一项诉讼活动。诉讼代理人只是被代理人的"代言人"，受到被代理对象意志的约束。选项 B 错误。

选项 C，根据《刑诉解释》第 65 条第 1 款的规定，律师担任诉讼代理人的，可以查阅、摘抄、复制案卷材料。其他诉讼代理人经人民法院许可，也可以查阅、摘抄、复制案卷材料。选项 C 正确。

选项 D，根据《刑事诉讼法》第 229 条的规定，被害人及其法定代理人不服地方各级人民法院第一审的判决的，自收到判决书后 5 日以内，有权请求人民检察院提出抗诉。可知，被害人没有上诉权，被害人的诉讼代理人也无权上诉。选项 D 错误。

📝 **总结归纳**

（1）辩护人的诉讼地位和职责：地位很独立，职责作辩护；

（2）法定代理人的权限和地位：权限似本人，地位很独立；

（3）诉讼代理人的权限和地位：权限看授权，地位仅代言。

第7讲 刑事证据

29. 刘某涉嫌猥亵学生贾某，后来贾某将此事告诉了罗校长，罗校长向公安机关报案。关于本案证据的属性，下列说法正确的是：（   ）

    A. 侦查人员通过刑讯逼供获取的犯罪嫌疑人刘某的供述可能违背其真实意愿，不具备客观性

    B. 辩护人提供刘某案发那天在外地开会的监控录像，该录像内容与案件事实具有关联性

    C. 罗校长作证，刘某是学生们公认的十大"渣男"之一，刘某平时的表现与其是否实施了犯罪行为之间不具备关联性

    D. 以刑讯逼供和威胁、引诱、欺骗以及其他非法方法收集的刘某的供述，由于没有合法性，不能作为定案依据

    [考 点] 证据的属性

30. 下列哪一证据属于书证？（   ）

    A. 某盗窃淫秽物品案，犯罪嫌疑人盗窃的淫秽书刊

    B. 某故意杀人案，储存在被害人手机中的短信，通过短信内容找到了犯罪嫌疑人蔡某

    C. 某故意伤害案，证人书写的书面证词

    D. 某强奸案，在犯罪嫌疑人住处收集的一本日记，其中记载着其作案经过及对被害人的描述

    [考 点] 物证、书证、电子数据、证人证言

31. 罗某驾车将昏迷的贾某送往医院，并垫付了医疗费用。随后赶来的贾某的家属报警称罗某驾车撞倒贾某。急救中，贾某曾短暂清醒并告诉医生刘某，自己系被雷劈倒的。医生刘某将此话告知警察。医生刘某的陈述属于证据理论分类中的哪些种类？（   ）

    A. 原始证据、无罪证据、言词证据、直接证据

    B. 传来证据、有罪证据、言词证据、间接证据

    C. 传来证据、无罪证据、实物证据、直接证据

    D. 传来证据、无罪证据、言词证据、直接证据

    [考 点] 证据的理论分类

32. 关于物证、书证的审查判断规则，下列说法正确的是：（　　）

A. 物证的照片、录像、复制品，不得作为定案的根据

B. 在勘验、检查、搜查过程中提取、扣押的物证、书证，未附笔录或者清单，不能证明物证、书证来源的，不得作为定案的根据

C. 现场遗留的可能与犯罪有关的指纹、血迹、精斑、毛发等证据，未通过指纹鉴定、DNA 鉴定等方式与被告人、被害人的相应样本作同一认定的，不得作为定案的根据

D. 以通过刑讯逼供得到的口供为线索搜查到的物证，不能作为定案依据

[考点] 物证、书证的审查判断规则

33. 关于证人证言的收集程序和方式存在瑕疵，经补正或者作出合理解释后，可以作为证据使用的情形，下列哪一选项符合要求？（　　）

A. 处于明显醉酒、中毒或者麻醉等状态，不能正常感知或者正确表达的证人所提供的证言

B. 询问地点不符合规定的

C. 询问证人没有个别进行的

D. 经人民法院通知，证人没有正当理由拒绝出庭或者出庭后拒绝作证，法庭对其证言的真实性无法确认的

[考点] 证人证言的审查判断规则

34. 刘某因涉嫌强奸罪被朝阳警方立案侦查，在庭审中，刘某的辩护人向某主张排除控方出具的供述。下列有关向某的主张，哪些可以被支持？（　　）

A. 侦查人员将刘某倒挂在窗户的铁栏杆上取得的供述

B. 讯问笔录中没有讯问人员的签名

C. 刘某是聋哑人，讯问刘某时未提供通晓聋、哑手势的人员

D. 侦查人员威胁刘某说，不讲实话就让他丧失再次强奸的能力

[考点] 被告人供述的审查判断规则

35. 关于辨认程序不符合有关规定，不得作为证据使用的情形，下列哪一选项符合要求？（　　）

A. 辨认前使辨认人见到辨认对象

B. 人民检察院组织供辨认的物品照片为 6 张

C. 案卷中只有辨认笔录，没有被辨认对象的照片、录像等资料，无法获悉辨认的真实情况

D. 由 1 名侦查人员和 1 名见证人主持辨认

[考点] 辨认笔录的审查判断规则

36. 关于证据的综合审查判断，下列选项不正确的是：（　　）

A. 罗某故意毁坏财物案，因无鉴定机构，办案机关聘请了物价部门的工作人员对损毁财物的价格作出认定出具的报告，该报告属于书证，可以作为证据使用

B. 魏某逃税案，税务机关在查办案件过程中收集的物证、书证、证人证言等证据材料，经法庭查证属实，且收集程序符合有关法律、行政法规规定的，可以作为定案的根据

C. 鄂某贪污案，监察机关依法收集的证据材料，在刑事诉讼中可以直接作为定案依据

D. 检察院未随案移送全部证据材料的，法院应当通知检察院在指定时间内移送；检察院仍未移送的，法院应当依法作出无罪判决

[考点] 证据的综合审查判断

37. 张大翔伙同罗小翔等人，通过信息网络实施电信诈骗。关于本案的相关程序，下列表述正确的是：（　　）

A. 公安机关在立案前的调查核实过程中，可以采取询问、查询、扣押、检查、鉴定、调取证据材料等措施

B. 公安机关在调查核实过程中依法收集的电子数据等材料，可以根据有关规定作为证据使用

C. 由于被害人人数众多，确因客观条件限制无法逐一收集的，应当按照一定比例或者数量选取证据

D. 因客观条件限制无法收集证据逐一证明、逐人核实涉案账户的资金来源的，应当按照该账户接收的资金数额认定犯罪数额

[考点] 信息网络犯罪案件的证据收集与审查

38. 证据规则，是指在刑事证据制度中，控辩双方收集和出示证据，法庭采纳和应用证据认定案件事实，必须遵守的重要准则。关于证据规则，下列表述不正确的是：（　　）

A. 对未到庭的证人的证言笔录，应当当庭宣读，查证属实的，可以作为定案依据，该规定体现了传闻证据规则

B. 证人具有猜测性、评论性、推断性的证言，不能作为证据使用，体现了非法证据排除规则

C. 非法证据排除规则，是指证据违反了法定的收集程序，一律不能作为定案依据

D. 最佳证据规则，是指为了防止误认事实或者发生其他危险，而在运用某些证明力显然薄弱的证据认定案情时，必须有其他证据补强其证明力，才能被法庭采信为定案依据

[考点] 证据规则

39. 下列属于补强证据的是：（　　）

A. 为了佐证高某口供的真实性，侦查人员提交的一份对高某的测谎结论

B. 为了印证殷某证言的真实性，侦查人员提交的一份询问时的同步录音录像

C. 为了佐证罗某口供的真实性，侦查人员提交的一份罗某同事张某曾听罗某讲他杀过人的证言

D. 对与被告人有利害冲突的证人所作的不利被告人的证言的真实性进行佐证的书证

[考点] 补强证据

40. 非法证据排除规则，是指违反法定程序，以非法方法获取的证据，原则上不具有证据能力，不能为法庭采纳。下列哪一选项属于非法证据排除规则排除的对象？（　　）

A. 采用以暴力、非法拘禁等非法限制人身自由或者严重损害本人及其近亲属合法权益等进行威胁的方法，使犯罪嫌疑人、被告人遭受难以忍受的痛苦而违背意愿作出的供述

B. 采用刑讯逼供方法使犯罪嫌疑人、被告人作出供述，之后犯罪嫌疑人、被告人作出的

与该供述相同的重复性供述

C. 不能反映原物的外形和特征的物证的照片、录像、复制品

D. 通过非法搜查收集到的物证、书证

考点 非法证据排除的对象

41. 根据我国《关于办理刑事案件严格排除非法证据若干问题的规定》（以下简称《严格排除非法证据规定》）的相关规定，关于非法证据排除的相关程序，下列说法不正确的是：（ ）

A. 被告人及其辩护人申请排除非法证据，只能在开庭审理前提出

B. 被告人及其辩护人在开庭审理前申请排除非法证据，按照法律规定提供相关线索或者材料的，人民法院应当启动调查程序

C. 在对证据收集的合法性进行法庭调查的过程中，当事人应当对证据收集的非法性加以证明

D. 经过调查，只有确认存在以非法方法收集证据情形的，对有关证据才予以排除

考点 申请排除非法证据的程序

42. 罗某与张某由于宅基地纠纷诉至雄安县法院，尽管有法院的生效裁判，但两家关于宅基地的争议未得到根本解决。一日，罗某拿起车上的柴刀砍中张某颈部，张某因失血过多死亡。对此，下列哪些选项是本案的证明对象？（ ）

A. 罗某用柴刀砍张某颈部的时间、地点、手段、后果

B. 法院就两家宅基地纠纷所作出的生效裁判确认的事项

C. 有关审判长向某是否接受了被害人张某妻子送礼的回避事由，双方均无异议

D. 在法庭审理中被告人罗某自认杀害张某的事实

考点 刑事诉讼的证明对象

43. 刘某在课堂上公然诽谤向某有18个私生子，向某一怒之下以诽谤罪将刘某诉至法院，诉讼中刘某反诉向某侮辱罪。关于本案的证明责任分担，下列说法正确的是：（ ）

A. 刘某对自己没有实施诽谤的主张，应当承担证明责任

B. 刘某就其控诉向某侮辱罪的主张，应当承担证明责任

C. 证明责任是提出证据责任与说明责任的统一，向某如果只是提出证明刘某诽谤的证据，并非完全履行了证明责任

D. 双方的辩护律师在诉讼中作无罪辩护，辩护人对其在诉讼中的无罪主张承担证明责任

考点 证明责任的分担

44. 证明标准，是指刑事诉讼中，法律规定有关机关或者当事人运用证据证明有关案件事实需要达到的程度。下列案件中关于刑事诉讼证明标准的说法，错误的是：（ ）

A. 未成年人刘某涉嫌盗窃罪，犯罪事实清楚，证据确实、充分，但是关于刘某是否年满16周岁的证据存疑，根据疑罪从无原则，应当判决刘某无罪

B. 检察院起诉指控的事实清楚，证据确实、充分，但指控的罪名与法院审理认定的罪名不一致的，法院应当作出无罪判决

C. 甲、乙二人没有通谋，各自埋伏，几乎同时向丙开枪，后查明丙身中一弹，甲、乙对各自的犯罪行为供认不讳，但收集到的证据无法查明这一枪到底是谁打中的，法院应当作无罪宣判

D. 公安机关证明有犯罪事实发生且需要追究刑事责任的，应当作出侦查终结移送检察院审查起诉的决定

[考点] 证明标准

答案及解析

29. [考点] 证据的属性

[答案] BC

[解析] 刑事证据具有三个紧密联系的基本属性：客观性、关联性、合法性。

选项A，证据的客观性，是指证据必须是客观存在的事实，不以人的主观意志为转移，任何主观想象、虚构、猜测、假设、臆断、梦境以及来源不清的道听途说等并非客观存在的材料，都不能成为刑事诉讼中的证据。犯罪嫌疑人的供述与辩解、被害人陈述和证人证言等言词证据虽然含有人的主观因素，是客观与主观的统一，但不能因此改变证据客观性的本质属性。通过刑讯逼供所获取的供述，是因为其违法而被排除，并非因为其虚假。选项A错误。

选项B，关联性也称相关性，是指证据必须与案件事实有客观联系，对证明刑事案件事实具有某种实际意义；反之，与案件无关的事实或材料，都不能成为刑事证据。证据的关联性是证据证明力的原因。本案中，辩护人提供刘某案发那天在外地开会的监控录像，说明其没有作案时间，该录像内容与案件事实有关联。选项B正确。

选项C，类似事件、品格事实、表情、被害人过去的行为与案件都不具关联性。选项C中，犯罪嫌疑人的平时表现与其是否实施犯罪之间并没有必然联系，换言之，不能说好人就不会犯罪，坏人就一定犯了罪。选项C正确。

选项D，合法性是指对证据必须依法加以收集和运用。证据的合法性是证据客观性和关联性的重要保证，也是证据具有法律效力的重要条件。根据《刑事诉讼法》第56条的规定，采用刑讯逼供等非法方法收集的犯罪嫌疑人、被告人供述和采用暴力、威胁等非法方法收集的证人证言、被害人陈述，应当予以排除。收集物证、书证不符合法定程序，可能严重影响司法公正的，应当予以补正或者作出合理解释；不能补正或者作出合理解释的，对该证据应当予以排除。在侦查、审查起诉、审判时发现有应当排除的证据的，应当依法予以排除，不得作为起诉意见、起诉决定和判决的依据。可知，并非所有违法获取的证据都一定会被排除，选项D中，引诱与欺骗的手段虽然违法，但是该手段收集的证据并非当然予以排除。选项D错误。

30. [考点] 物证、书证、电子数据、证人证言

[答案] D

解析 物证是指证明案件真实情况的一切物品和痕迹。书证是指以记载的内容和反映的思想来证明案件真实情况的书面材料或其他物质材料。电子数据是指以储备在电子计算机或其他高科技设备中的信息证明案件真实情况的资料。证人证言是指证人就其所了解的案件情况向公安司法机关所作的陈述。

选项A，某盗窃淫秽物品案，犯罪嫌疑人盗窃的淫秽书刊是以其物理特征来证明案件事实的，属于物证，其内容与犯罪事实无关。选项A不当选。

选项B，被害人手机中的短信，虽然是以其内容来证明案件事实的，但是该内容储备在电子媒介中，因此属于电子数据。选项B不当选。

选项C，某故意伤害案，证人书写的书面证词，依然属于证人证言。证据的保存形式并不改变证据的性质。选项C不当选。

选项D，某强奸案，在犯罪嫌疑人住处收集的日记本，是以记载的内容和反映的思想来证明案件真实情况的书面材料或其他物质材料，属于书证。选项D当选。

📝 总结归纳

(1) 书证三要件：内容有关、物质载体、诉外形成；

(2) 电子数据三要件：内容有关、数字载体、诉外形成。

31. 考点 证据的理论分类

答案 D

解析 刑事证据的理论分类，即刑事证据在学理上的分类，是指对证据进行理论研究时，按照证据本身的不同特点，在理论上从不同角度将证据划分为不同的类别。

(1) 直接证据与间接证据的划分标准。根据证据与案件主要事实证明关系的不同，可以将证据划分为直接证据与间接证据。直接证据是能够单独、直接证明案件主要事实的证据。也就是说，某一项证据的内容，无需经过推理过程，即可以直观地说明犯罪行为是否为犯罪嫌疑人、被告人所实施。间接证据是不能单独、直接证明刑事案件主要事实，需要与其他证据相结合才能证明的证据。间接证据必须与案内的其他证据结合起来，形成一个证据体系，才能共同证明案件的主要事实。

(2) 原始证据与传来证据的划分标准。根据证据材料的来源不同，可以将证据划分为原始证据和传来证据。凡是来自原始出处，即直接来源于案件事实的证据材料，是原始证据。凡不是直接来源于案件事实，而是从间接的非第一来源获得的证据材料，称为传来证据。

(3) 言词证据与实物证据的划分标准。根据证据的表现形式不同，可以将证据划分为言词证据和实物证据。凡是表现为人的陈述，即以言词作为表现形式的证据，是言词证据。凡是表现为物品、痕迹和内容，具有证据价值的书面文件，即以实物作为表现形式的证据，是实物证据。

(4) 有罪证据与无罪证据的划分标准。根据证据是否能够证明犯罪事实的存在或者犯罪行为系犯罪嫌疑人、被告人所为，可以将证据划分为有罪证据和无罪证据。凡是能够证明犯罪事实存在和犯罪行为系犯罪嫌疑人、被告人所为的证据，是有罪证据。凡是能够否定犯罪事实存在，或者能够证明犯罪嫌疑人、被告人未实施犯罪行为的证据，是无罪证据。

本案中，医生刘某的陈述属于传来证据、无罪证据、言词证据、直接证据。选项 D 当选。

32. [考点] 物证、书证的审查判断规则

[答案] BC

[解析] 选项 A，根据《刑诉解释》第 83 条的规定，据以定案的物证应当是原物。原物不便搬运、不易保存、依法应当返还或者依法应当由有关部门保管、处理的，可以拍摄、制作足以反映原物外形和特征的照片、录像、复制品。必要时，审判人员可以前往保管场所查看原物。物证的照片、录像、复制品，不能反映原物的外形和特征的，不得作为定案的根据。物证的照片、录像、复制品，经与原物核对无误、经鉴定或者以其他方式确认真实的，可以作为定案的根据。可知，物证的照片、录像、复制品，只有当不能反映原物的外形和特征时，才不得作为定案的根据。选项 A 错误。

选项 B，根据《刑诉解释》第 86 条第 1 款的规定，在勘验、检查、搜查过程中提取、扣押的物证、书证，未附笔录或者清单，不能证明物证、书证来源的，不得作为定案的根据。可知，选项 B 正确。

选项 C，《关于建立健全防范刑事冤假错案工作机制的意见》第 9 条第 1 款规定，现场遗留的可能与犯罪有关的指纹、血迹、精斑、毛发等证据，未通过指纹鉴定、DNA 鉴定等方式与被告人、被害人的相应样本作同一认定的，不得作为定案的根据。涉案物品、作案工具等未通过辨认、鉴定等方式确定来源的，不得作为定案的根据。可知，选项 C 正确。

选项 D，以非法获取的口供作为线索找到的物证、书证，这种"毒树之果"在我国刑诉中并不当然予以排除。选项 D 错误。

✎ **总结归纳**

物证、书证不能作为定案依据的情形：真伪不明、来源不明、无法解释。

33. [考点] 证人证言的审查判断规则

[答案] B

[解析] 选项 A，根据《刑诉解释》第 88 条的规定，处于明显醉酒、中毒或者麻醉等状态，不能正常感知或者正确表达的证人所提供的证言，不得作为证据使用。证人的猜测性、评论性、推断性的证言，不得作为证据使用，但根据一般生活经验判断符合事实的除外。选项 A 不当选。

选项 B，根据《刑诉解释》第 90 条的规定，证人证言的收集程序、方式有下列瑕疵，经补正或者作出合理解释的，可以采用；不能补正或者作出合理解释的，不得作为定案的根据：①询问笔录没有填写询问人、记录人、法定代理人姓名以及询问的起止时间、地点的；②询问地点不符合规定的；③询问笔录没有记录告知证人有关权利义务和法律责任的；④询问笔录反映出在同一时段，同一询问人员询问不

同证人的；⑤询问未成年人，其法定代理人或者合适成年人不在场的。根据上述第2项规定可知，询问地点不符合规定的，可以补正或者作出合理解释。选项B当选。

选项C，根据《刑诉解释》第89条的规定，证人证言具有下列情形之一的，不得作为定案的根据：①询问证人没有个别进行的；②书面证言没有经证人核对确认的；③询问聋、哑人，应当提供通晓聋、哑手势的人员而未提供的；④询问不通晓当地通用语言、文字的证人，应当提供翻译人员而未提供的。选项C不当选。

选项D，根据《刑诉解释》第91条第3款的规定，经人民法院通知，证人没有正当理由拒绝出庭或者出庭后拒绝作证，法庭对其证言的真实性无法确认的，该证人证言不得作为定案的根据。选项D不当选。

📝 **总结归纳**

证人证言不能作为定案依据的情形："麻醉""猜测""未个别""核对""翻译""暴限胁""拒绝出庭不真实"。

34. [考点] 被告人供述的审查判断规则

[答案] ACD

[解析] 选项A，根据《刑事诉讼法》第56条第1款的规定，采用刑讯逼供等非法方法收集的犯罪嫌疑人、被告人供述和采用暴力、威胁等非法方法收集的证人证言、被害人陈述，应当予以排除。选项中的情形属于刑讯逼供的非法手段，该手段获得的供述应当予以排除。选项A当选。

选项B，根据《刑诉解释》第95条的规定，讯问笔录有下列瑕疵，经补正或者作出合理解释的，可以采用；不能补正或者作出合理解释的，不得作为定案的根据：①讯问笔录填写的讯问时间、讯问地点、讯问人、记录人、法定代理人等有误或者存在矛盾的；②讯问人没有签名的；③首次讯问笔录没有记录告知被讯问人有关权利和法律规定的。可知，讯问笔录中没有讯问人签名的，可以补正或者作出合理解释。选项B不当选。

选项C，根据《刑诉解释》第94条的规定，被告人供述具有下列情形之一的，不得作为定案的根据：①讯问笔录没有经被告人核对确认的；②讯问聋、哑人，应当提供通晓聋、哑手势的人员而未提供的；③讯问不通晓当地通用语言、文字的被告人，应当提供翻译人员而未提供的；④讯问未成年人，其法定代理人或者合适成年人不在场的。选项C当选。

选项D，根据《严格排除非法证据规定》第3条的规定，采用以暴力或者严重损害本人及其近亲属合法权益等进行威胁的方法，使犯罪嫌疑人、被告人遭受难以忍受的痛苦而违背意愿作出的供述，应当予以排除。选项D当选。

📝 **总结归纳**

被告人供述不能作为定案依据的情形："核对""翻译""无法代""场外""音、像""暴、限、胁"。

35. 考点 辨认笔录的审查判断规则

答案 A

解析 选项A，根据《刑诉解释》第105条的规定，辨认笔录具有下列情形之一的，不得作为定案的根据：①辨认不是在调查人员、侦查人员主持下进行的；②辨认前使辨认人见到辨认对象的；③辨认活动没有个别进行的；④辨认对象没有混杂在具有类似特征的其他对象中，或者供辨认的对象数量不符合规定的；⑤辨认中给辨认人明显暗示或者明显有指认嫌疑的；⑥违反有关规定，不能确定辨认笔录真实性的其他情形。可知，选项A属于上述第2项情形，应当直接予以排除。选项A当选。

选项B，根据《高检规则》第226条第3款的规定，辨认物品时，同类物品不得少于5件，照片不得少于5张。可知，选项中的被辨认物品照片数量符合程序要求。选项B不当选。

选项CD，根据"两高三部"《关于办理死刑案件审查判断证据若干问题的规定》第30条第2款的规定，有下列情形之一的，通过有关办案人员的补正或者作出合理解释的，辨认结果可以作为证据使用：①主持辨认的侦查人员少于2人的；②没有向辨认人详细询问辨认对象的具体特征的；③对辨认经过和结果没有制作专门的规范的辨认笔录，或者辨认笔录没有侦查人员、辨认人、见证人的签名或者盖章的；④辨认记录过于简单，只有结果没有过程的；⑤案卷中只有辨认笔录，没有被辨认对象的照片、录像等资料，无法获悉辨认的真实情况的。选项CD符合上述第5、1项情形。选项CD不当选。

📝 总结归纳

辨认笔录不能作为定案依据的情形：不是侦调来主持；指示预见个混混。

36. 考点 证据的综合审查判断

答案 ABCD

解析 选项A，书证是指以记载的内容和反映的思想来证明案件真实情况的书面材料或其他物质材料。注意，书证的内容必须形成于诉讼外、案发中，而该报告的内容并非形成于诉讼外、案发中，因此它不满足书证的构成要件。根据《刑诉解释》第100条的规定，因无鉴定机构，或者根据法律、司法解释的规定，指派、聘请有专门知识的人就案件的专门性问题出具的报告，可以作为证据使用。对前款规定的报告的审查与认定，参照适用本节（鉴定意见的审查与认定）的有关规定。经人民法院通知，出具报告的人拒不出庭作证的，有关报告不得作为定案的根据。可知，该价格认定报告作为专门性问题的报告（而非书证），可以作为证据使用。选项A错误，当选。

选项B，根据《刑诉解释》第75条的规定，行政机关在行政执法和查办案件过程中收集的物证、书证、视听资料、电子数据等证据材料，经法庭查证属实，且收集程序符合有关法律、行政法规规定的，可以作为定案的根据。根据法律、行政法规规定行使国家行政管理职权的组织，在行政执法和查办案件过程中收集的证据材料，视为行政机关收集的证据材料。本条规定的是"物证、书证、视听资料、电子数据等证据材料"在刑事诉讼中可以作为证据使用,对其中的"等",原则上应作等内解释,即通常只限于物证、书证、视听资料、电子数据,不包括其他类型的证据。选项 B 错误,当选。

选项 C,根据《刑诉解释》第 76 条的规定,监察机关依法收集的证据材料,在刑事诉讼中可以作为证据使用。对前款规定证据的审查判断,适用刑事审判关于证据的要求和标准。又根据《刑诉解释》第 71 条的规定,证据未经当庭出示、辨认、质证等法庭调查程序查证属实,不得作为定案的根据。选项 C 错误,当选。

选项 D,根据《刑诉解释》第 73 条的规定,对提起公诉的案件,人民法院应当审查证明被告人有罪、无罪、罪重、罪轻的证据材料是否全部随案移送;未随案移送的,应当通知人民检察院在指定时间内移送。人民检察院未移送的,人民法院应当根据在案证据对案件事实作出认定。选项 D 错误,当选。

37. [考点] 信息网络犯罪案件的证据收集与审查

[答案] BC

[解析] 选项 A,根据《网络犯罪程序意见》第 12 条的规定,调查核实过程中,可以采取询问、查询、勘验、检查、鉴定、调取证据材料等不限制被调查对象人身、财产权利的措施,不得对被调查对象采取强制措施,不得查封、扣押、冻结被调查对象的财产,不得采取技术侦查措施。选项 A 中的扣押手段在立案前的调查核实过程中不得使用。选项 A 错误。

选项 B,根据《网络犯罪程序意见》第 13 条的规定,公安机关在调查核实过程中依法收集的电子数据等材料,可以根据有关规定作为证据使用。调查核实过程中收集的材料作为证据使用的,应当随案移送,并附批准调查核实的相关材料。调查核实过程中收集的证据材料经查证属实,且收集程序符合有关要求的,可以作为定案依据。选项 B 正确。

选项 C,根据《网络犯罪程序意见》第 20 条的规定,办理信息网络犯罪案件,对于数量特别众多且具有同类性质、特征或者功能的物证、书证、证人证言、被害人陈述、视听资料、电子数据等证据材料,确因客观条件限制无法逐一收集的,应当按照一定比例或者数量选取证据,并对选取情况作出说明和论证。人民检察院、人民法院应当重点审查取证方法、过程是否科学。经审查认为取证不科学的,应当由原取证机关作出补充说明或者重新取证。人民检察院、人民法院应当结合其他证据材料,以及犯罪嫌疑人、被告人及其辩护人所提辩解、辩护意见,审查认定取得的证据。经审查,对相关事实不能排除合理怀疑的,应当作出有利于犯罪嫌疑人、被告人的认定。选项 C 正确。

选项 D,根据《网络犯罪程序意见》第 21 条的规定,对于涉案人数特别众多的信息网络犯罪案件,确因客观条件限制无法收集证据逐一证明、逐人核实涉案账户的资金来源,但根据银行账户、非银行支付账户等交易记录和其他证据材料,足以认定有关账户主要用于接收、流转涉案资金的,可以按照该账户接收的资金数额认定犯罪数额,但犯罪嫌疑人、被告人能够作出合理说明的除外。案外人提出异议的,应当依法审查。选项 D 将"可以"表述为"应当",是错误的。选项 D 错误。

38. [考点] 证据规则

[答案] ABCD

[解析] 选项 A，传闻证据规则，也称传闻证据排除规则，即法律排除传闻证据作为认定犯罪事实的根据的规则。根据这一规则，如无法定理由，任何人在庭审期间以外及庭审准备期间以外的陈述，不得作为认定被告人有罪的证据。所谓传闻证据，主要包括两种形式：①书面传闻证据，即亲身感受了案件事实的证人在庭审期间之外所作的书面证人证言及警察、检察人员所作的（证人）询问笔录；②言词传闻证据，即证人并非就自己亲身感知的事实作证，而是向法庭转述他从别人那里听到的情况。选项 A，允许对未到庭的证人的证言笔录当庭宣读，该规定说明我国现行立法并没有完全明确规定传闻证据排除规则。选项 A 错误，当选。

选项 B，意见证据规则，是指证人只能陈述自己亲身感受和经历的事实，而不得陈述对该事实的意见或者结论。根据《刑诉解释》第 88 条第 2 款的规定，证人的猜测性、评论性、推断性的证言，不得作为证据使用，但根据一般生活经验判断符合事实的除外。选项 B 将意见证据规则表述为非法证据排除规则。选项 B 错误，当选。

选项 C，非法证据排除规则，是指违反法定程序，以非法方法获取的证据，原则上不具有证据能力，不能为法庭采纳。选项 C 表述过于绝对，有些证据虽然违反了程序规定，但是经过补正或者作出合理解释，还是有可能成为定案依据的。选项 C 错误，当选。

选项 D，最佳证据规则，又称原始证据规则，是指以文字、符号、图形等方式记载的内容来证明案情时，原件才是最佳证据。该规则要求书证的提供者应尽量提供原件，如果提供副本、抄本、复制本等非原始材料，则必须提供充足理由加以说明，否则该书证不具有可采性。选项 D 属于张冠李戴，将补强证据规则说成最佳证据规则。选项 D 错误，当选。

39. [考点] 补强证据

[答案] D

[解析] 补强证据规则，是指为了防止误认事实或发生其他危险，而在运用某些证明力显然薄弱的证据认定案情时，必须有其他证据补强其证明力，才能被法庭采信为定案根据。一般来说，在刑事诉讼中，需要补强的不仅包括被追诉人的供述，而且包括证人证言、被害人陈述等特定证据。

所谓"补强证据"，是指用以增强另一证据证明力的证据。一开始收集到的对证实案情有重要意义的证据，称为"主证据"，而用以印证该证据真实性的其他证据，就称之为"补强证据"。

补强证据必须满足以下条件：①补强证据必须具有证据能力。②补强证据本身必须具有担保补强对象真实的能力。设立补强证据的重要目的就在于确保特定证据的真实性，从而降低误认风险，如果补强证据没有证明价值，就不可能支持特定证据的证明力。当然，补强证据的作用仅仅在于担保特定补强对象的真实性，而非对整个待证事实或案件事实具有补强作用。③补强证据必须具有独立的来源。补强证据与补强对象之间不能重叠，必须独立于补强对象，具有独立的来源，否则就无法担保补强对象的真实性。例如，被告人在审前程序中所作的供述就不能作为其当庭供述的补强证据。

选项 A，补强证据必须具有证据能力，测谎结论本身就不具备证据能力，不能成为口供的补强证据。选项 A 不当选。

选项 B，补强证据本身必须具有担保补强对象真实的能力，询问证人时的同步录音录像只能担保该证言的收集程序合法，并不能担保证言本身的真实性。选项 B 不当选。

选项 C，被告人同事的证言属于口供派生出来的证据，与主证据属于同一来源，不满足补强证据需具有独立来源的条件。选项 C 不当选。

选项 D，对与被告人有利害冲突的证人所作的不利被告人的证言的真实性进行佐证的书证，既具有证据能力，又具有担保证言真实的能力，且与证言有不同来源。选项 D 当选。

📝 **总结归纳**

补强证据必须满足三要件：①有证据能力；②担保补强对象真实；③有独立来源。

40. 考点 非法证据排除的对象

答案 A

解析 选项 A，根据《严格排除非法证据规定》第 3 条的规定，采用以暴力或者严重损害本人及其近亲属合法权益等进行威胁的方法，使犯罪嫌疑人、被告人遭受难以忍受的痛苦而违背意愿作出的供述，应当予以排除。根据该规定第 4 条的规定，采用非法拘禁等非法限制人身自由的方法收集的犯罪嫌疑人、被告人供述，应当予以排除。选项 A 当选。

选项 B，根据《严格排除非法证据规定》第 5 条的规定，采用刑讯逼供方法使犯罪嫌疑人、被告人作出供述，之后犯罪嫌疑人、被告人受该刑讯逼供行为影响而作出的与该供述相同的重复性供述，应当一并排除，但下列情形除外：①侦查期间，根据控告、举报或者自己发现等，侦查机关确认或者不能排除以非法方法收集证据而更换侦查人员，其他侦查人员再次讯问时告知诉讼权利和认罪的法律后果，犯罪嫌疑人自愿供述的；②审查逮捕、审查起诉和审判期间，检察人员、审判人员讯问时告知诉讼权利和认罪的法律后果，犯罪嫌疑人、被告人自愿供述的。可知，重复性供述并非一律排除。选项 B 不当选。

选项 C，根据《刑诉解释》第 83 条第 2 款的规定，物证的照片、录像、复制品，不能反映原物的外形和特征的，不得作为定案的根据。但是这里的排除并非因为以非法手段获得该证据而排除，而是因为该证据的真实性无法确定，所以不能作为定案依据。选项 C 不当选。

选项 D，根据《严格排除非法证据规定》第 7 条的规定，收集物证、书证不符合法定程序，可能严重影响司法公正的，应当予以补正或者作出合理解释；不能补正或者作出合理解释的，对有关证据应当予以排除。选项 D 不当选。

✎ **总结归纳**

非法实物可补正，言词排非暴限胁，重复供述一并排，除非换人换阶段。

41. **[考 点]** 申请排除非法证据的程序

    [答 案] ABCD

    解析 选项 A，根据《严格排除非法证据规定》第 23 条的规定，人民法院向被告人及其辩护人送达起诉书副本时，应当告知其有权申请排除非法证据。被告人及其辩护人申请排除非法证据，应当在开庭审理前提出，但在庭审期间发现相关线索或者材料等情形除外。人民法院应当在开庭审理前将申请书和相关线索或者材料的复制件送交人民检察院。可知，在庭审期间发现相关线索或者材料的，也可以提出申请。选项 A 错误，当选。

    选项 B，根据《严格排除非法证据规定》第 25 条第 1 款的规定，被告人及其辩护人在开庭审理前申请排除非法证据，按照法律规定提供相关线索或者材料的，人民法院应当召开庭前会议。人民检察院应当通过出示有关证据材料等方式，有针对性地对证据收集的合法性作出说明。人民法院可以核实情况，听取意见。又根据《严格排除非法证据规定》第 26 条的规定，公诉人、被告人及其辩护人在庭前会议中对证据收集是否合法未达成一致意见，人民法院对证据收集的合法性有疑问的，应当在庭审中进行调查；人民法院对证据收集的合法性没有疑问，且没有新的线索或者材料表明可能存在非法取证的，可以决定不再进行调查。可知，只有当法院对证据收集的合法性有疑问时，才能启动调查程序。选项 B 错误，当选。

    选项 C，根据《刑事诉讼法》第 59 条的规定，在对证据收集的合法性进行法庭调查的过程中，人民检察院应当对证据收集的合法性加以证明。现有证据材料不能证明证据收集的合法性的，人民检察院可以提请人民法院通知有关侦查人员或者其他人员出庭说明情况；人民法院可以通知有关侦查人员或者其他人员出庭说明情况。有关侦查人员或者其他人员也可以要求出庭说明情况。经人民法院通知，有关人员应当出庭。选项 C 错误，当选。

    选项 D，根据《刑事诉讼法》第 60 条的规定，对于经过法庭审理，确认或者不能排除存在《刑事诉讼法》第 56 条规定的以非法方法收集证据情形的，对有关证据应当予以排除。可知，只要检察院不能证明其证据收集是确实充分、合法的，该证据就应当予以排除。选项 D 错误，当选。

42. **[考 点]** 刑事诉讼的证明对象

    [答 案] AD

    解析 根据《刑诉解释》第 72 条的规定，应当运用证据证明的案件事实包括：①被告人、被害人的身份；②被指控的犯罪是否存在；③被指控的犯罪是否为被告人所实施；④被告人有无刑事责任能力，有无罪过，实施犯罪的动机、目的；⑤实施犯罪的时间、地点、手段、后果以及案件起因等；⑥是否系共同犯罪或者犯罪事实存在关联，以及被告人在犯罪中的地位、作用；⑦被告人有无从重、从轻、减轻、免除处罚情节；⑧有关涉案财物处理的事实；⑨有关附带民事诉讼的事实；⑩有关管辖、回避、延期审理等的程序事实；⑪与定罪量刑有关的其他事实。认定被告人有罪和对被告人从重处罚，适用证据确实、充分的证明标准。

根据《高检规则》第401条的规定，在法庭审理中，下列事实不必提出证据进行证明：①为一般人共同知晓的常识性事实；②人民法院生效裁判所确认并且未依审判监督程序重新审理的事实；③法律、法规的内容以及适用等属于审判人员履行职务所应当知晓的事实；④在法庭审理中不存在异议的程序事实；⑤法律规定的推定事实；⑥自然规律或者定律。

本题可以适用排除法解题，选项B属于《高检规则》第401条第2项规定的情形，选项C属于《高检规则》第401条第4项规定的情形，不当选；选项AD属于《刑诉解释》第72条规定的应当运用证据证明的案件事实，当选。

📝 **总结归纳**

刑事诉讼免证对象包括：常识、法规、和定律，推定、生效、无异议。

43. **考点** 证明责任的分担

答案 BC

解析 证明责任，是指控方或某些当事人应当收集或提供证据证明应予认定的案件事实或有利于自己的诉讼主张，否则将承担不利于自己的诉讼后果的责任。

选项A，证明责任总是与一定的诉讼主张相联系。在刑事诉讼中，检察机关或者自诉人指控被告人构成犯罪，请求法院给予刑事处罚，即是向法院提出的诉讼主张，该诉讼主张需要由控诉方加以证明。同时，根据"否认者不负证明责任"的古老法则和现代无罪推定原则的要求，犯罪嫌疑人、被告人不负证明自己无罪的责任。换言之，诉讼中，控方对其提出的积极主张需要承担证明责任，辩方对其提出的消极否认的主张无需承担证明责任。选项A中，刘某主张自己无罪属于消极主张，不承担证明责任。选项A错误。

选项B，刘某反诉向某侮辱罪，在反诉中，刘某作为自诉人，就其指控的侮辱犯罪事实承担证明责任。选项B正确。

选项C，证明责任是提供证据责任与说明责任的统一。所谓提供证据责任，即双方当事人在诉讼过程中，应当根据诉讼进行的状态，就其主张的事实或者反驳的事实提供证据加以证明。所谓说明责任，即负有证明责任的诉讼当事人应当承担运用证据对案件事实进行说明、论证，使法官形成对案件事实确信的责任。由此可见，仅仅提出证据并不等于履行了证明责任，还必须尽可能地说服裁判者相信其所主张的事实存在或不存在。选项C正确。

选项D，辩护人在诉讼中主张其当事人无罪，这属于消极主张，并不需要承担证明责任。选项 D 错误。

✏️ **总结归纳**

刑事诉讼中，无论是公诉案件还是自诉案件，控方承担举证责任，辩方不承担举证责任。只有非法持有型罪名中，被告人就其"合法"持有的主张承担"提供证据"的责任。

44. [考 点] 证明标准

[答 案] ABCD

[解 析] 刑事诉讼中的证明标准，是指法律规定的检察机关和当事人运用证据证明案件事实要求达到的程度。我国刑事诉讼中认定被告人有罪的证明标准是：犯罪事实清楚，证据确实、充分。

根据《刑事诉讼法》第 55 条第 2 款的规定，证据确实、充分，应当符合以下条件：①定罪量刑的事实都有证据证明；②据以定案的证据均经法定程序查证属实；③综合全案证据，对所认定事实已排除合理怀疑。

又根据《关于建立健全防范刑事冤假错案工作机制的意见》第 6 条的规定，定罪证据不足的案件，应当坚持疑罪从无原则，依法宣告被告人无罪，不得降格作出"留有余地"的判决。定罪证据确实、充分，但影响量刑的证据存疑的，应当在量刑时作出有利于被告人的处理。死刑案件，认定对被告人适用死刑的事实证据不足的，不得判处死刑。

选项 A，根据《刑诉解释》第 146 条第 2 款的规定，证明被告人已满 12 周岁、14 周岁、16 周岁、18 周岁或者不满 75 周岁的证据不足的，应当作出有利于被告人的认定。关于刘某是否年满 16 周岁的证据存疑，应当推定其未满 16 周岁。根据《刑诉解释》第 295 条第 1 款第 6 项的规定，被告人因未达到刑事责任年龄，不予刑事处罚的，应当判决宣告被告人不负刑事责任。选项 A 错误，当选。

选项 B，根据《刑诉解释》第 295 条第 1 款第 2 项的规定，起诉指控的事实清楚，证据确实、充分，但指控的罪名不当的，应当依据法律和审理认定的事实作出有罪判决。选项 B 错误，当选。

选项 C，根据《关于建立健全防范刑事冤假错案工作机制的意见》第 6 条第 2 款的规定，定罪证据确实、充分，但影响量刑的证据存疑的，应当在量刑时作出有利于被告人的处理。在故意杀人案件中，是否造成损害结果并不属于定罪的证据，即使没有打中这一枪，依然可以给被告人定罪。因此，本案定罪没有疑问，但是在量刑上，根据疑案从轻的原理，二人都按未遂处理。选项 C 错误，当选。

选项 D，根据《刑事诉讼法》第 162 条第 1 款的规定，公安机关侦查终结的案件，应当做到犯罪事实清楚，证据确实、充分，并且写出起诉意见书，连同案卷材料、证据一并移送同级人民检察院审查决定；同时将案件移送情况告知犯罪嫌疑人及其辩护律师。可知，作出侦查终结的决定也需要达到犯罪事实清楚，证据确实、充分的标准。选项 D 错误，当选。

✏️ 总结归纳

（1）立案证明标准：有犯罪发生；

（2）逮捕证明标准：发生了、他干了、已有查证属实了；

（3）侦查终结、提起公诉、法院定罪证明标准：事实清楚，证据确实、充分；

（4）证据存疑的处理：疑罪从无、疑案从轻。

第8讲　强制措施

45. 吴某某因涉嫌强奸罪、聚众淫乱罪被北京市朝阳区公安分局立案侦查。2021 年 7 月 31 日，公安机关依法对吴某某刑事拘留。同年 8 月 16 日，朝阳区人民检察院经依法审查，对犯罪嫌疑人吴某某以涉嫌强奸罪批准逮捕。后朝阳区人民检察院依法对吴某某提起公诉。回答下列五个问题：

(1) 本案如果要适用拘传措施，下列说法不正确的是：（　　）

　　A. 本案拘传可以由公、检、法三机关决定，但是只能由公安机关执行

　　B. 拘传适用于本案所有当事人，拘传时必须出示拘传证

　　C. 公安机关根据案件情况可以将吴某某拘传至办案机关所在市、县内的指定地点进行讯问

　　D. 一次拘传的时间不得超过 24 小时，案情特别重大、复杂，需要采取拘留、逮捕措施的，拘传持续的时间不得超过 48 小时

　　考点 拘传

(2) 本案在审查起诉期间，因超出法定羁押期限，人民检察院决定对吴某某取保候审。关于本案的处理，下列说法不正确的是：（　　）

　　A. 如果吴某某可能被判处有期徒刑以上刑罚，则对其不得适用取保候审

　　B. 吴某某的母亲既可以为其申请取保候审，也可以担任吴某某的保证人，如果保证人没有履行相应的监督和报告义务，公安机关可以决定没收保证人交纳的保证金

　　C. 取保候审期间，吴某某未经公安机关批准不能与他人会见或通信

　　D. 如果吴某某被法院判处有期徒刑，裁判生效后，取保候审自动解除，不再办理解除手续，决定机关应当及时通知执行机关

　　考点 取保候审

(3) 本案在审查起诉期间，考虑到吴某某身患严重疾病、生活不能自理，人民检察院决定对吴某某监视居住。关于本案监视居住的程序，下列表述正确的是：（　　）

　　A. 如果吴某某有固定的住处，则不能为其指定居所监视居住

　　B. 吴某某被监视居住，除无法通知以外，应在 24 小时内通知其家属

　　C. 监视居住期间，辩护律师向某如果要会见吴某某，需要经过人民检察院的许可

   D. 监视居住期间，需要将身份证件交执行机关保存，未经人民检察院批准，不得
     离开执行监视居住的处所

[考 点] 监视居住的程序

（4）2021 年 7 月 31 日上午 10 时，公安机关依法对吴某某刑事拘留。下列哪些处置
   程序违法？（   ）

   A. 吴某某于 8 月 2 日上午 9 时被送至看守所羁押

   B. 本案因考虑通知家属有碍进一步侦查，决定暂不通知家属

   C. 吴某某在 8 月 2 日上午 10 时被送至看守所羁押，公安机关于 3 日上午 8 时对其
     进行了第一次讯问

   D. 公安机关讯问后，发现吴某某依法需要逮捕，8 月 9 日提请检察院审批

[考 点] 拘留

（5）关于逮捕吴某某的程序适用，下列表述正确的是：（   ）

   A. 吴某某可能被判处徒刑以下刑罚，如果其违反取保候审规定，严重影响诉讼活
     动正常进行，可以予以逮捕

   B. 如果吴某某认罪认罚，人民检察院办理审查逮捕时，应当讯问犯罪嫌疑人

   C. 对于公安机关的批捕请求，检察院应当在 15 日内决定是否批捕

   D. 检察院应当在逮捕后 24 小时内通知吴某某家属

[考 点] 逮捕程序

46. 刘某涉嫌在多个市、县连续组织淫秽表演，2023 年 6 月 15 日被刑事拘留，随即聘请
向律师担任辩护人，7 月 17 日被检察院批准逮捕，9 月 5 日被移送检察院审查起诉，
10 月 4 日被提起公诉。关于本案的羁押必要性审查，下列选项正确的是：（   ）

A. 7 月 14 日提出羁押必要性审查申请，检察院捕诉部门应当受理

B. 8 月 18 日向律师向公安机关申请变更羁押强制措施的，公安机关应当依职权进行羁
押必要性审查

C. 10 月 5 日向律师提出羁押必要性审查申请，检察院认为不需要继续羁押的，应当及时
决定释放或者变更强制措施

D. 公安机关执行逮捕决定时，应当告知被逮捕人有权向办案机关申请变更强制措施，有
权向检察院申请羁押必要性审查

[考 点] 羁押必要性审查的主体和对象

47. 罗某和张某二人涉嫌强奸一案，罗某被批准逮捕，张某被取保候审。案件起诉到法院
后，张某被法院决定逮捕。关于本案的羁押必要性审查，下列选项正确的是：（   ）

A. 审判阶段，被告人的辩护人可以依法向人民法院申请羁押必要性审查

B. 本案人民检察院在提起公诉前应当依职权开展至少 1 次羁押必要性审查

C. 因张某患有严重疾病不适宜继续羁押的，应当立即开展羁押必要性审查、评估

D. 如果罗某是未成年人，罗某被逮捕后，应当及时启动羁押必要性审查、评估工作

[考 点] 羁押必要性审查的主体和启动

48. 张三因组织卖淫一案被人民检察院批准逮捕，关于本案的羁押必要性审查，下列说法正确的是：（　　）

A. 经羁押必要性审查不予释放或者变更，张三没有新的理由再次申请的，人民检察院一律不再开展羁押必要性审查

B. 人民检察院开展羁押必要性审查，应当按照《人民检察院羁押听证办法》组织听证

C. 侦查阶段，人民检察院经羁押必要性审查发现本案证据发生重大变化，没有证据证明犯罪行为系张三所为，应当向公安机关提出释放或者变更强制措施建议

D. 审查起诉阶段，人民检察院经羁押必要性审查发现张三认罪认罚的，应当及时决定释放或者变更强制措施

[考点] 羁押必要性审查

49. 经审查、评估，发现犯罪嫌疑人、被告人具有下列哪些情形的，一般不予释放或者变更强制措施？（　　）

A. 张三涉嫌危害国家安全犯罪

B. 李四涉嫌性侵未成年人犯罪

C. 王五企图自杀或者逃跑

D. 因违反取保候审、监视居住规定而被逮捕的

[考点] 羁押必要性审查

答案及解析

45.（1）[考点] 拘传

[答案] ABCD

[解析] 拘传，是指公安机关、人民检察院和人民法院对未被羁押的犯罪嫌疑人、被告人，依法强制其到案接受讯问的一种强制措施。

选项A，拘传是我国刑事诉讼强制措施体系中强制力度最轻的一种，公安机关、人民检察院和人民法院在刑事诉讼过程中，均有权决定和执行。选项A错误，当选。

选项B，根据《公安部规定》第79条第1款的规定，公安机关拘传犯罪嫌疑人应当出示拘传证，并责令其在拘传证上签名、捺指印。可知，拘传应当出示拘传证。又根据《刑事诉讼法》第66条的规定，人民法院、人民检察院和公安机关根据案件情况，对犯罪嫌疑人、被告人可以拘传、取保候审或者监视居住。可知，强制措施只能针对犯罪嫌疑人、被告人实施，对其他当事人不可采取强制措施。选项B错误，当选。

选项C，根据《公安部规定》第78条的规定，公安机关根据案件情况对需要拘传的犯罪嫌疑人，或者经过传唤没有正当理由不到案的犯罪嫌疑人，可以拘传到其所在市、县公安机关执法办案场所进行讯问。需要拘传的，应当填写呈

请拘传报告书，并附有关材料，报县级以上公安机关负责人批准。可知，公安机关只能将犯罪嫌疑人拘传至犯罪嫌疑人所在市、县内的指定地点，而不是办案机关所在市、县内的指定地点。选项C错误，当选。

选项D，根据《公安部规定》第80条第1款的规定，拘传持续的时间不得超过12小时；案情特别重大、复杂，需要采取拘留、逮捕措施的，经县级以上公安机关负责人批准，拘传持续的时间不得超过24小时。不得以连续拘传的形式变相拘禁犯罪嫌疑人。选项D错误，当选。

📝 **总结归纳**

（1）拘传的主体：法院、检察院和公安机关；
（2）拘传的对象：未被羁押的犯罪嫌疑人；
（3）拘传的时间：12~24；
（4）拘传的地点：被拘传人所在的市、县进行；
（5）拘传的手续：拘传证（无例外）。

（2）[考点] 取保候审

[答案] ABCD

[解析] 选项A，根据《刑事诉讼法》第67条第1款的规定，人民法院、人民检察院和公安机关对有下列情形之一的犯罪嫌疑人、被告人，可以取保候审：①可能判处管制、拘役或者独立适用附加刑的；②可能判处有期徒刑以上刑罚，采取取保候审不致发生社会危险性的；③患有严重疾病、生活不能自理，怀孕或者正在哺乳自己婴儿的妇女，采取取保候审不致发生社会危险性的；④羁押期限届满，案件尚未办结，需要采取取保候审的。可知，即使吴某某可能判处有期徒刑以上刑罚，采取取保候审不致发生社会危险性的，依然可以对其适用取保候审。选项A错误，当选。

选项B，根据《刑事诉讼法》第99条的规定，人民法院、人民检察院或者公安机关对被采取强制措施法定期限届满的犯罪嫌疑人、被告人，应当予以释放、解除取保候审、监视居住或者依法变更强制措施。犯罪嫌疑人、被告人及其法定代理人、近亲属或者辩护人对于人民法院、人民检察院或者公安机关采取强制措施法定期限届满的，有权要求解除强制措施。可知，吴某某的母亲可以为其申请取保候审。

又根据《刑事诉讼法》第69条的规定，保证人必须符合下列条件：①与本案无牵连；②有能力履行保证义务；③享有政治权利，人身自由未受到限制；④有固定的住处和收入。可知，吴某某的母亲如果满足条件，可以作为其保证人。

根据《刑事诉讼法》第70条的规定，保证人应当履行以下义务：①监督被保证人遵守《刑事诉讼法》第71条的规定；②发现被保证人可能发生或者已经发生违反《刑事诉讼法》第71条规定的行为的，应当及时向执行机关报告。被保证人有违反《刑事诉讼法》第71条规定的行为，保证人未履行保证义务的，对保证人处以罚款，构成犯罪的，依法追究刑事责任。可知，保证人违反义务的后果中，不存在没收保证金的问题。再根据《刑事诉讼法》第68条的规定，人民法院、人民检察院和公安机关决定对犯罪嫌疑人、被告人取保候审，应当责令犯罪嫌疑人、被告人提出保证人或者交纳保证金。可知，取保候审不能同时适用保证人和保证金两种方式。选项B错误，当选。

选项C，根据《刑事诉讼法》第71条第1款的规定，被取保候审的犯罪嫌疑人、被告人应当遵守以下规定：①未经执行机关批准不得离开所居住的市、县；②住址、工作单位和联系方式发生变动的，在24小时以内向执行机关报告；③在传讯的时候及时到案；④不得以任何形式干扰证人作证；⑤不得毁灭、伪造证据或者串供。又根据《刑事诉讼法》第71条第2款的规定，人民法院、人民检察院和公安机关可以根据案件情况，责令被取保候审的犯罪嫌疑人、被告人遵守以下一项或者多项规定：①不得进入特定的场所；②不得与特定的人员会见或者通信；③不得从事特定的活动；④将护照等出入境证件、驾驶证件交执行机关保存。可知，取保候审期间，未经执行机关批准不得会见他人或通信并不属于应当遵守的义务之一。选项C错误，当选。

选项D，根据《关于取保候审若干问题的规定》（以下简称《取保候审规定》）第24条第3款的规定，有下列情形之一的，取保候审自动解除，不再办理解除手续，决定机关应当及时通知执行机关：①取保候审依法变更为监视居住、拘留、逮捕，变更后的强制措施已经开始执行的；②人民检察院作出不起诉决定的；③人民法院作出的无罪、免予刑事处罚或者不负刑事责任的判决、裁定已经发生法律效力的；④被判处管制或者适用缓刑，社区矫正已经开始执行的；⑤被单处附加刑，判决、裁定已经发生法律效力的；⑥被判处监禁刑，刑罚已经开始执行的。可知，被判处监禁刑，需要等刑罚开始执行，取保候审才自动解除。选项D错误，当选。

✏️ **总结归纳**

（1）取保候审的条件：徒刑以下、不危险、疾病孕乳、超期限。（禁：累、主、残、暴、严；除非疾病孕乳超期限）

（2）保证人 VS 保证金（不并用）

①保证人的条件：无牵连、有能力、有权、有房又有钱；

②保证人的义务：监督、报告、罚款、刑责；（无连带民责）（公安机关来认定和处理）

③保证金的收取：起点1000；（决定机关决定）（执行机关收取）

④保证金的处理：违规要没收，涉罪要暂扣。（由执行机关作出决定）

（3）遵守义务

①5个应当：市县、报告、及时到、不扰证人、不毁证；（别忘执行机关：公安）

②4 个可以：特定的地方、特定的人、特定的活动、特定的证。

（4）违反义务：≥取保候审。（应当逮捕的情形：新罪、逃杀、串毁证、还要打击报复他）

（5）取保候审自动解除的情形：变更不诉无罪责、附加生效主执行。

（3）[考点] 监视居住的程序

[答案] A

[解析] 选项 A，根据《刑事诉讼法》第 75 条第 1 款的规定，监视居住应当在犯罪嫌疑人、被告人的住处执行；无固定住处的，可以在指定的居所执行。对于涉嫌危害国家安全犯罪、恐怖活动犯罪，在住处执行可能有碍侦查的，经上一级公安机关批准，也可以在指定的居所执行。但是，不得在羁押场所、专门的办案场所执行。由于本案并不属于涉嫌危害国家安全犯罪、恐怖活动犯罪，在住处执行可能有碍侦查的情形，因此只能在住处执行监视居住。选项 A 正确。

选项 B，根据《刑事诉讼法》第 75 条第 2 款的规定，指定居所监视居住的，除无法通知的以外，应当在执行监视居住后 24 小时以内，通知被监视居住人的家属。可知，只有指定居所监视居住的，才有通知的要求。选项 B 错误。

选项 C，根据《刑事诉讼法》第 39 条第 1 款的规定，辩护律师可以同在押的犯罪嫌疑人、被告人会见和通信。其他辩护人经人民法院、人民检察院许可，也可以同在押的犯罪嫌疑人、被告人会见和通信。又根据《刑事诉讼法》第 39 条第 3 款的规定，危害国家安全犯罪、恐怖活动犯罪案件，在侦查期间辩护律师会见在押的犯罪嫌疑人，应当经侦查机关许可。上述案件，侦查机关应当事先通知看守所。再根据《刑事诉讼法》第 39 条第 5 款的规定，辩护律师同被监视居住的犯罪嫌疑人、被告人会见、通信，适用第 1、3、4 款的规定。本案既不属于危害国家安全犯罪、恐怖活动犯罪案件，又不处于侦查期间，因此，辩护律师会见被监视居住的犯罪嫌疑人吴某某，并不需要许可。选项 C 错误。

选项 D，根据《刑事诉讼法》第 77 条的规定，被监视居住的犯罪嫌疑人、被告人应当遵守以下规定：①未经执行机关批准不得离开执行监视居住的处所；②未经执行机关批准不得会见他人或者通信；③在传讯的时候及时到案；④不得以任何形式干扰证人作证；⑤不得毁灭、伪造证据或者串供；⑥将护照等出入境证件、身份证件、驾驶证件交执行机关保存。被监视居住的犯罪嫌疑人、被告人违反前款规定，情节严重的，可以予以逮捕；需要予以逮捕的，可以对犯罪嫌疑人、被告人先行拘留。可知，监视居住期间，吴某某需要将身份证件交执行机关保存，但是吴某某离开执行监视居住的处所，需要执行机关（公安机关）而非人民检察院批准。选项 D 错误。

📝 **总结归纳**

（1）监视居住适用情形

① "替捕"：疾病、孕乳、唯一扶；特殊、需要、已超期。

② "替保"：没钱又没人。

（2）监视地点：有家就在家，没家找个家，有家要找家，就得"危和恐"。

（3）指定居所监视特殊要求：24小时通知家属；还要折抵刑期（抵一半）。

（4）遵守义务：处所、会见、及时到；不扰证人、不毁证；保存还要身份证。

（4）[考 点] 拘留

[答 案] ABC

[解 析] 拘留，是指公安机关、人民检察院等侦查机关对直接受理的案件，在侦查过程中，遇有紧急情况，依法临时剥夺某些现行犯或者重大嫌疑分子的人身自由的一种强制措施。

选项A，根据《刑事诉讼法》第85条的规定，公安机关拘留人的时候，<u>必须出示拘留证</u>。拘留后，应当立即将被拘留人送看守所羁押，<u>至迟不得超过24小时</u>。据此规定，在24小时后才送看守所是违反法律规定的。选项A违法，当选。

选项B，根据《刑事诉讼法》第85条第2款的规定，除无法通知或者涉嫌危害国家安全犯罪、恐怖活动犯罪通知可能有碍侦查的情形以外，<u>应当在拘留后24小时以内</u>，通知被拘留人的家属。有碍侦查的情形消失以后，应当立即通知被拘留人的家属。本案没有在拘留后24小时内通知家属，程序违法。选项B违法，当选。

选项C，根据《刑事诉讼法》第86条的规定，公安机关对被拘留的人，应当在拘留后的24小时以内进行讯问。在发现不应当拘留的时候，必须立即释放，发给释放证明。所以，吴某某7月31日被拘留，8月3日才被讯问，超出了24小时。选项C违法，当选。

选项D，根据《刑事诉讼法》第91条第1、2款的规定，公安机关对被拘留的人，认为需要逮捕的，应当在拘留后的3日以内，提请人民检察院审查批准。在特殊情况下，提请审查批准的时间可以<u>延长1~4日</u>。对于流窜作案、多次作案、结伙作案的重大嫌疑分子，提请审查批准的时间可以<u>延长至30日</u>。选项D合法，不当选。

📝 **总结归纳**

（1）拘留后24小时：送看/讯问/通知。（"危、恐"通知有碍侦查除外）

（2）拘留的令状要求：应当出示拘留证。（先行拘留可无证）

（3）拘留的期限

① 公安：3+7/7+7/30+7（流、结、多）；

② 检察院：7+7/7+10。

（5）[考点] 逮捕程序

[答案] AB

[解析] 选项 A，根据《全国人民代表大会常务委员会关于〈中华人民共和国刑事诉讼法〉第七十九条第三款的解释》的规定，对于被取保候审、监视居住的可能判处徒刑以下刑罚的犯罪嫌疑人、被告人，<u>违反取保候审、监视居住规定，严重影响诉讼活动正常进行的，可以予以逮捕</u>。可见，一般逮捕都要满足可能判处徒刑以上刑罚的条件，但是转化型逮捕突破了徒刑的底线要求。选项 A 正确。

选项 B，根据《高检规则》第 280 条第 1、2 款的规定，人民检察院办理审查逮捕案件，可以讯问犯罪嫌疑人；具有下列情形之一的，应当讯问犯罪嫌疑人：①对是否符合逮捕条件有疑问的；②犯罪嫌疑人要求向检察人员当面陈述的；③侦查活动可能有重大违法行为的；④案情重大、疑难、复杂的；⑤犯罪嫌疑人认罪认罚的；⑥犯罪嫌疑人系未成年人的；⑦犯罪嫌疑人是盲、聋、哑人或者是尚未完全丧失辨认或者控制自己行为能力的精神病人的。讯问未被拘留的犯罪嫌疑人，讯问前应当听取公安机关的意见。选项 B 正确。

选项 C，根据《高检规则》第 282 条的规定，对公安机关提请批准逮捕的犯罪嫌疑人，已经被拘留的，人民检察院应当在收到提请批准逮捕书后 7 日以内作出是否批准逮捕的决定；未被拘留的，应当在收到提请批准逮捕书后 15 日以内作出是否批准逮捕的决定，重大、复杂案件，不得超过 20 日。本题中，犯罪嫌疑人已经被拘留，因此，人民检察院应当在收到提请批准逮捕书后的 7 日以内作出是否批准逮捕的决定。选项 C 错误。

选项 D，根据《刑事诉讼法》第 93 条的规定，公安机关逮捕人的时候，必须出示逮捕证。逮捕后，应当立即将被逮捕人送看守所羁押。除无法通知的以外，应当在逮捕后 24 小时以内，通知被逮捕人的家属。本案应当由公安机关通知。选项 D 错误。

📝 总结归纳

（1）逮捕的基本条件：有证据、有徒刑、有危险；（转化型逮捕徒刑下也可以逮捕）

（2）逮捕前应当讯问：疑、面、违、难、加认罚、小孩、聋哑、半疯傻；

（3）批捕时间：已拘 7 日，未拘 15（20）日；

（4）批捕执行：立即送看/24 小时内通知/24 小时内讯问；（谁想捕，谁通知讯问）

（5）逮捕令状：必须逮捕证。

46. [考点] 羁押必要性审查的主体和对象

[答案] D

[解析] 本题是针对大纲新增条文《人民检察院、公安机关羁押必要性审查、评估工

作规定》（以下简称《羁押必要性审查、评估规定》）的专项考查，体现了新增必考的命题规律。

选项A，考查了羁押必要性审查的对象。根据《羁押必要性审查、评估规定》第1条第1款的规定，犯罪嫌疑人、被告人被逮捕后，人民检察院应当依法对羁押的必要性进行审查。可知，羁押必要性审查仅针对被逮捕的犯罪嫌疑人、被告人。选项A中的7月14日，犯罪嫌疑人尚未被逮捕，还不涉及羁押必要性审查的问题。选项A错误。

选项B，根据《羁押必要性审查、评估规定》第4条第1、2款的规定，人民检察院依法开展羁押必要性审查，由捕诉部门负责。负责刑事执行、控告申诉、案件管理、检察技术的部门应当予以配合。公安机关对羁押的必要性进行评估，由办案部门负责，法制部门统一审核。根据《羁押必要性审查、评估规定》第1条第2款的规定，公安机关在移送审查起诉前，发现采取逮捕措施不当或者犯罪嫌疑人及其法定代理人、近亲属或者辩护人、值班律师申请变更羁押强制措施的，应当对羁押的必要性进行评估。不需要继续羁押的，应当及时决定释放或者变更强制措施。可知，检察院的捕诉部门才是羁押必要性审查的主体；公安机关的办案部门只是羁押必要性的评估主体。选项B错误。

选项C，根据《羁押必要性审查、评估规定》第1条第1款的规定，犯罪嫌疑人、被告人被逮捕后，人民检察院应当依法对羁押的必要性进行审查。不需要继续羁押的，应当建议公安机关、人民法院予以释放或者变更强制措施。对于审查起诉阶段的案件，应当及时决定释放或者变更强制措施。本案，10月5日已经到了审判阶段，检察院认为不需要继续羁押的，应当建议法院予以释放或者变更强制措施。选项C错误。

选项D，根据《羁押必要性审查、评估规定》第5条的规定，人民检察院、公安机关应当充分保障犯罪嫌疑人、被告人的诉讼权利，保障被害人合法权益。公安机关执行逮捕决定时，应当告知被逮捕人有权向办案机关申请变更强制措施，有权向人民检察院申请羁押必要性审查。选项D正确。

📝 **总结归纳**

羁押必要性审查的对象是被逮捕的犯罪嫌疑人、被告人；羁押必要性审查的主体是人民检察院（捕诉部门）；羁押必要性评估的主体公安机关（办案部门）。

47. [考点] 羁押必要性审查的主体和启动

[答案] C

[解析] 本题是针对大纲新增条文《羁押必要性审查、评估规定》的专项考查，体现了新增必考的命题规律。

选项A，考查了羁押必要性审查的主体。根据《羁押必要性审查、评估规定》第8条的规定，犯罪嫌疑人、被告人及其法定代理人、近亲属或者辩护人、值班律师可以向人民检察院申请开展羁押必要性审查。申请人提出申请时，应当说明不需要继续羁押的理由，有相关证据或者其他材料的，应当予以提供。申请人依据《刑事诉讼法》第97条规定，向人民检察院、公安机关提出变更羁押强制措施申请的，人民检察院、公安机关应当按照本规定对羁押的必要性进行审查、评估。可知，选项中被告人的辩护人向人民法院申请羁押必要性审查是错误的。选项A错误。

选项B，考查了人民检察院依职权审查羁押必要性的情形。根据《羁押必要性审查、评估规定》第6条第1、2款的规定，人民检察院在刑事诉讼过程中可以对被逮捕的犯罪嫌疑人、被告人依职权主动进行羁押必要性审查。人民检察院对审查起诉阶段未经羁押必要性审查、可能判处3年有期徒刑以下刑罚的在押犯罪嫌疑人，在提起公诉前应当依职权开展一次羁押必要性审查。可知，条文中只是规定了对可能判处3年有期徒刑以下刑罚的在押犯罪嫌疑人，在提起公诉前应当依职权开展一次羁押必要性审查。而本案可能判处3年有期徒刑以上刑罚，并不符合条文规定的情形。选项B错误。

选项C，考查了人民检察院依职权审查羁押必要性的情形。根据《羁押必要性审查、评估规定》第7条第1款的规定，人民检察院、公安机关发现犯罪嫌疑人、被告人可能存在下列情形之一的，应当立即开展羁押必要性审查、评估并及时作出审查、评估决定：①因患有严重疾病、生活不能自理等原因不适宜继续羁押的；②怀孕或者正在哺乳自己婴儿的妇女；③系未成年人的唯一抚养人；④系生活不能自理的人的唯一扶养人；⑤继续羁押犯罪嫌疑人、被告人，羁押期限将超过依法可能判处的刑期的；⑥案件事实、情节或者法律、司法解释发生变化，可能导致犯罪嫌疑人、被告人被判处拘役、管制、独立适用附加刑、免予刑事处罚或者判决无罪的；⑦案件证据发生重大变化，可能导致没有证据证明有犯罪事实或者犯罪行为系犯罪嫌疑人、被告人所为的；⑧存在其他对犯罪嫌疑人、被告人采取羁押强制措施不当情形，应当及时撤销或者变更的。选项符合上述第1项情形，选项C正确。

选项D，根据《羁押必要性审查、评估规定》第7条第2款的规定，未成年犯罪嫌疑人、被告人被逮捕后，人民检察院、公安机关应当做好跟踪帮教、感化挽救工作，发现对未成年在押人员不予羁押不致发生社会危险性的，应当及时启动羁押必要性审查、评估工作，依法作出释放或者变更决定。选项中仅交待了未成年人，并未提到不予羁押不致发生社会危险性的条件，选项D错误。

✎ **总结归纳**

（1）应当立即开展羁押必要性审查、评估的情形：因人道、将超期、无徒刑、无证据、不妥当、小孩不危险。

（2）检察院可以依职权审查，公安机关可以依职权评估。轻罪案件诉前至少依职权开展1次羁押必要性审查。

48. [考点] 羁押必要性审查

[答案] C

解析 本题是针对大纲新增条文《羁押必要性审查、评估规定》的专项考查，体现了新增必考的命题规律。

选项A，根据《羁押必要性审查、评估规定》第9条第1款的规定，经人民检察院、公安机关依法审查、评估后认为有继续羁押的必要，不予释放或者变更的，犯罪嫌疑人、被告人及其法定代理人、近亲属或者辩护人、值班律师未提供新的证明材料或者没有新的理由而再次申请的，人民检察院、公安机关可以不再开展羁押必要性审查、评估工作，并告知申请人。但是根据《羁押必要性审查、评估规定》第9条第2款的规定，经依法批准延长侦查羁押期限、重新计算侦查羁押期限、退回补充侦查重新计算审查起诉期限，导致在押人员被羁押期限延长的，变更申请不受前款限制。可知，选项中"一律"二字表述过于绝对，选项A错误。

选项B，根据《羁押必要性审查、评估规定》第15条的规定，人民检察院开展羁押必要性审查，可以按照《人民检察院羁押听证办法》组织听证。可知，选项中"应当"二字表述错误。选项B错误。

选项C，根据《羁押必要性审查、评估规定》第16条第1款的规定，人民检察院审查后发现犯罪嫌疑人、被告人具有下列情形之一的，应当向公安机关、人民法院提出释放或者变更强制措施建议；审查起诉阶段的，应当及时决定释放或者变更强制措施。①案件证据发生重大变化，没有证据证明有犯罪事实或者犯罪行为系犯罪嫌疑人、被告人所为的；②案件事实、情节或者法律、司法解释发生变化，犯罪嫌疑人、被告人可能被判处拘役、管制、独立适用附加刑、免予刑事处罚或者判决无罪的；③继续羁押犯罪嫌疑人、被告人，羁押期限将超过依法可能判处的刑期的；④案件事实基本查清，证据已经收集固定，符合取保候审或者监视居住条件的；⑤其他对犯罪嫌疑人、被告人采取羁押强制措施不当，应当及时释放或者变更的。选项符合上述第1项情形，选项C正确。

选项D，根据《羁押必要性审查、评估规定》第17条第1款的规定，人民检察院审查后发现犯罪嫌疑人、被告人具有下列情形之一的，且具有悔罪表现，不予羁押不致发生社会危险性的，可以向公安机关、人民法院提出释放或者变更强制措施建议；审查起诉阶段的，可以决定释放或者变更强制措施。①预备犯或者中止犯；②主观恶性较小的初犯；③共同犯罪中的从犯或者胁从犯；④过失犯罪的；⑤防卫过当或者避险过当的；⑥认罪认罚的；⑦与被害方依法自愿达成和解协议或者获得被害方谅解的；⑧已经或者部分履行赔偿义务或者提供担保的；⑨患有严重疾病、生活不能自理的；⑩怀孕或者正在哺乳自己婴儿的妇女；⑪系未成年人或者已满75周岁的人；⑫系未成年人的唯一抚养人；⑬系生活不能自理的人的唯一扶养人；⑭可能被判处1年以下有期徒刑的；⑮可能被宣告缓刑的；⑯其他不予羁押不致发生社会危险性的情形。可知，选项中张三认罪认罚，只是"可以"决定释放或者变更强制措施的情形之一。选项D错误。

📝 **总结归纳**

（1）再次申请羁押必要性审查的限制：无新证再申请，可不再审查。期限若有变，申请不受限。

（2）羁押必要性审查的方式：审材料、听意见、查身体、看表现、做社调、组听证。

（3）应当及时释放或者变更的情形：无证据、无徒刑、无必要、已超期。

49. 考点 羁押必要性审查

答案 ABCD

解析 本题是针对大纲新增条文《羁押必要性审查、评估规定》的专项考查，体现了新增必考的命题规律。

根据《羁押必要性审查、评估规定》第 18 条的规定，经审查、评估，发现犯罪嫌疑人、被告人具有下列情形之一的，一般不予释放或者变更强制措施：①涉嫌危害国家安全犯罪、恐怖活动犯罪、黑社会性质组织犯罪、重大毒品犯罪或者其他严重危害社会的犯罪；②涉嫌故意杀人、故意伤害致人重伤或死亡、强奸、抢劫、绑架、放火、爆炸、投放危险物质等严重侵犯公民人身财产权利、危害公共安全的严重暴力犯罪；③涉嫌性侵未成年人的犯罪；④涉嫌重大贪污、贿赂犯罪，或者利用职权实施的严重侵犯公民人身权利的犯罪；⑤可能判处 10 年有期徒刑以上刑罚的；⑥因违反取保候审、监视居住规定而被逮捕的；⑦可能毁灭、伪造证据，干扰证人作证或者串供的；⑧可能对被害人、举报人、控告人实施打击报复的；⑨企图自杀或者逃跑的；⑩其他社会危险性较大，不宜释放或者变更强制措施的。犯罪嫌疑人、被告人具有前款规定情形之一，但因患有严重疾病或者具有其他不适宜继续羁押的特殊情形，不予羁押不致发生社会危险性的，可以依法变更强制措施为监视居住、取保候审。可知，选项 ABCD 均属于上述法定情形的范围，均当选。

📝 **总结归纳**

（1）不予释放或者变更强制措施的情形：危恐黑毒严；严重暴力犯；性侵未成年；贪贿侵人权；报证逃十转。

（2）破格变更的情形：疾病不宜不危险，可以破格做变更。

第9讲 附带民事诉讼

50. 老刘带着儿子小刘经过隔壁老王家楼下，楼上老王家的花盆坠落砸断了小刘的双腿致其残疾。老刘去老王家索要医药费，老王抄起家里的铁棍又打断老刘的双腿致其残疾。本案人民检察院以故意伤害罪对老王提起公诉。下列关于本案附带民事诉讼的相关表述，正确的是：（ ）

A. 老刘可以就小刘的住院治疗费用以及残疾赔偿金向法院提起附带民事诉讼

B. 老刘就自己的住院治疗费用以及双腿残疾赔偿金单独向法院提起民事诉讼的，法院应当受理

C. 如果法院认定老王的行为不构成犯罪，对本案已经提起的附带民事诉讼，经调解不能达成协议的，应当一并作出刑事附带民事判决

D. 审判阶段，如果检察院撤回起诉，对已经提起的附带民事诉讼，法院可以进行调解；不宜调解或者经调解不能达成协议的，应当裁定驳回起诉，并告知附带民事诉讼原告人可以另行提起民事诉讼

[考 点] 附带民事诉讼的成立条件

51. 张一、李二、王三因口角与赵四发生斗殴，赵四因伤势过重死亡。其中张一系未成年人，王三因情节轻微未被起诉，李二在一审开庭前意外死亡。关于附带民事诉讼当事人以及相关审理程序，下列表述正确的是：（ ）

A. 赵四的父母和祖父母有权提起附带民事诉讼

B. 张一的父母作为监护人依法负有民事赔偿责任，如果张一的父母拒绝出庭，法院可以对其缺席判决

C. 李二的父母作为遗产继承人负有民事赔偿责任，如果李二的父母拒绝出庭，法院可以采取刑事强制措施强制其到庭

D. 王三作为未被追究刑事责任的其他共同侵害人负有民事赔偿责任，如果开庭期间王三下落不明，不得将其列为附带民事诉讼被告人

[考 点] 附带民事诉讼当事人

52. 王某被姜某打伤致残，在开庭前向法院提起附带民事诉讼，并提出财产保全的申请。据此，下列哪些说法是错误的？（ ）

A. 只有在王某提供担保后，法院才予以财产保全

B. 审查起诉期间，经人民检察院调解，当事人已经达成协议并全部履行，王某又提起附

带民事诉讼的，人民法院一律不予受理

C. 王某经传唤，无正当理由拒不到庭，或者未经法庭许可中途退庭的，可以按撤诉处理

D. 附带民事诉讼必须同刑事案件一并审判，一并作出判决

考点 附带民事诉讼的审理程序

答案及解析

50. 考点 附带民事诉讼的成立条件

答案 D

解析 选项A，根据《刑诉解释》第175条第1款的规定，被害人因人身权利受到犯罪侵犯或者财物被犯罪分子毁坏而遭受物质损失的，有权在刑事诉讼过程中提起附带民事诉讼；被害人死亡或者丧失行为能力的，其法定代理人、近亲属有权提起附带民事诉讼。选项中，小刘的住院治疗费用以及残疾赔偿金均是侵权所致，而非犯罪行为所造成，可以提起民事诉讼，但是不能提起附带民事诉讼。选项A错误。

选项B，根据《刑诉解释》第175条第2款的规定，因受到犯罪侵犯，提起附带民事诉讼或者单独提起民事诉讼要求赔偿精神损失的，人民法院一般不予受理。老刘可以就自己的住院治疗费用提起附带民事诉讼或者单独提起民事诉讼，但是残疾赔偿金具有精神损害的含义，法院一般不予受理。选项B错误。

选项C，根据《刑诉解释》第197条第1款的规定，人民法院认定公诉案件被告人的行为不构成犯罪，对已经提起的附带民事诉讼，经调解不能达成协议的，可以一并作出刑事附带民事判决，也可以告知附带民事原告人另行提起民事诉讼。选项C错误。

选项D，根据《刑诉解释》第197条第2款的规定，人民法院准许人民检察院撤回起诉的公诉案件，对已经提起的附带民事诉讼，可以进行调解；不宜调解或者经调解不能达成协议的，应当裁定驳回起诉，并告知附带民事诉讼原告人可以另行提起民事诉讼。选项D正确。

✎ 总结归纳

（1）附带诉讼的提起范围：被告人的犯罪行为造成的实际必然的物质的损失。

（2）人身侵害的附带民诉赔偿范围：医护交康加误工，残疾辅助死亡葬。

（3）成立前提：以刑诉为前提。

①公诉若撤回，附民调、驳、另；

②刑事若无罪，附民可调、可判、可另诉。

51. 考点 附带民事诉讼当事人

答案 B

解析 选项 A，根据《刑事诉讼法》第 101 条的规定，被害人由于被告人的犯罪行为而遭受物质损失的，在刑事诉讼过程中，有权提起附带民事诉讼。被害人死亡或者丧失行为能力的，被害人的法定代理人、近亲属有权提起附带民事诉讼。如果是国家财产、集体财产遭受损失的，人民检察院在提起公诉的时候，可以提起附带民事诉讼。可知，附带民事诉讼原告人包括被害人本人，死者的法定代理人、近亲属，检察院。本案赵四已经死亡，因此，赵四的近亲属可以提起附带民事诉讼。刑事诉讼法中近亲属是指夫、妻、父、母、子、女、同胞兄弟姊妹，祖父母并非刑事诉讼法中近亲属的范围。选项 A 错误。

选项 B，根据《刑诉解释》第 180 条第 1 款第 2 项的规定，张一的父母作为监护人依法负有民事赔偿责任。又根据《刑诉解释》第 195 条第 2 款的规定，刑事被告人以外的附带民事诉讼被告人经传唤，无正当理由拒不到庭，或者未经法庭许可中途退庭的，附带民事部分可以缺席判决。选项 B 正确。

选项 C，根据《刑诉解释》第 180 条第 1 款第 4 项的规定，李二的父母作为遗产继承人负有民事赔偿责任。又根据《刑诉解释》第 195 条第 2 款的规定，刑事被告人以外的附带民事诉讼被告人经传唤，无正当理由拒不到庭，或者未经法庭许可中途退庭的，附带民事部分可以缺席判决。李二的父母作为附带民事诉讼被告人，并不是刑事被告人，不能对其采取刑事强制措施。选项 C 错误。

选项 D，根据《刑诉解释》第 195 条第 3 款的规定，刑事被告人以外的附带民事诉讼被告人下落不明，或者用公告送达以外的其他方式无法送达，可能导致刑事案件审判过分迟延的，可以不将其列为附带民事诉讼被告人，告知附带民事诉讼原告人另行提起民事诉讼。可知，只有当被告人下落不明，可能导致刑事案件审判过分迟延时，才可以不将其列为附带民事诉讼被告人，告知附带民事诉讼原告人另行提起民事诉讼。选项 D 错误。

总结归纳

当事人拒绝出庭的后果：原告不来应撤诉，被告不来可缺席。

52.

考点 附带民事诉讼的审理程序

答案 ABCD

解析 选项 A，根据《刑诉解释》第 189 条第 3 款的规定，人民法院采取保全措施，适用《民事诉讼法》第 100 条至第 105 条（现为第 103 条至第 108 条）的有关规定，但《民事诉讼法》第 101 条（现为第 104 条）第 3 款的规定除外。又根据《民事诉讼法》第 103 条的规定，人民法院对于可能因当事人一方的行为或者其他原因，使判决难以执行或者造成当事人其他损害的案件，根据对方当事人的申请，可以裁定对其财产进行保全、责令其作出一定行为或者禁止其作出一定行为；当事人没有提出申请的，人民法院在必要时也可以裁定采取保全措施。人民法院采取保全措施，可以责令申请人提供担保，申请人不提供担保的，裁定驳回申请。人民法院接受申请后，对情况紧急的，必须在 48 小时内作出裁定；裁定采取保全措施的，应当立即开始执行。本题是诉讼中的保全，担保并非必须。选项 A 错误，当选。

选项 B，根据《刑诉解释》第 185 条的规定，侦查、审查起诉期间，有权提起附带民事诉讼的人提出赔偿要求，经公安机关、人民检察院调解，当事人双方已经达成协议并全部履行，被害人或者其法定代理人、近亲属又提起附带民事诉讼的，人民法院不予受理，但有证据证明调解违反自愿、合法原则的除外。可知，选项 B 忽视了条文中的但书规定。选项 B 错误，当选。

选项 C，根据《刑诉解释》第 195 条第 1、2 款的规定，附带民事诉讼原告人经传唤，无正当理由拒不到庭，或者未经法庭许可中途退庭的，应当按撤诉处理。刑事被告人以外的附带民事诉讼被告人经传唤，无正当理由拒不到庭，或者未经法庭许可中途退庭的，附带民事部分可以缺席判决。可知，原告人拒不到庭或未经法庭许可中途退庭的后果是"应当"按撤诉处理，而非"可以"按撤诉处理。选项 C 错误，当选。

选项 D，根据《刑事诉讼法》第 104 条的规定，附带民事诉讼应当同刑事案件一并审判，只有为了防止刑事案件审判的过分迟延，才可以在刑事案件审判后，由同一审判组织继续审理附带民事诉讼。可知，附带民事诉讼并非一定和刑事案件一并审判，也可能有例外情况分开审理。选项 D 错误，当选。

✑ 总结归纳

诉前财产保全：诉前保全有风险，只能申请必须担，四八小时作裁定，半月不诉除保全。

第10讲 期间、送达

53. 关于期间的计算方法，下列说法正确的是：（　　　）

A. 张某故意伤害案，被害人伤情的鉴定期间不计入办案期限

B. 被告人罗某由于不能抗拒的原因而耽误上诉期限的，障碍消除后10日内，可申请恢复期间

C. 改变管辖的案件，从改变后的法院收到案件之日起重新计算审理期限

D. 对于监察机关移送起诉的已留置的向某贪污案，检察院应当对向某先行拘留，在拘留后的10日内作出是否采取强制措施的决定，决定采取强制措施的期间不计入审查起诉期限

[考 点] 期间的计算

答案及解析

53. [考 点] 期间的计算

[答 案] CD

[解 析] 选项A，根据《刑诉解释》第211条的规定，审判期间，对被告人作精神病鉴定的时间不计入审理期限。可知，只有作精神病鉴定的时间才不计入办案期限。选项A错误。

选项B，根据《刑事诉讼法》第106条的规定，当事人由于不能抗拒的原因或者有其他正当理由而耽误期限的，在障碍消除后5日以内，可以申请继续进行应当在期满以前完成的诉讼活动。前款申请是否准许，由人民法院裁定。可知，申请恢复期间应当在障碍消除后5日以内提出。选项B错误。

选项C，根据《刑事诉讼法》第208条的规定，人民法院审理公诉案件，应当在受理后2个月以内宣判，至迟不得超过3个月。对于可能判处死刑的案件或者附带民事诉讼的案件，以及有《刑事诉讼法》第158条规定情形之一的，经上一级人民法院批准，可以延长3个月；因特殊情况还需要延长的，报请最高人民法院批准。人民法院改变管辖的案件，从改变后的人民法院收到案件之日起计算审理期限。人民检察院补充侦查的案件，补充侦查完毕移送人民法院后，人民法院重新计算审理期限。选项C正确。

选项 D，根据《刑事诉讼法》第 170 条第 2 款的规定，对于监察机关移送起诉的已采取留置措施的案件，人民检察院应当对犯罪嫌疑人先行拘留，留置措施自动解除。人民检察院应当在拘留后的 10 日以内作出是否逮捕、取保候审或者监视居住的决定。在特殊情况下，决定的时间可以延长 1~4 日。人民检察院决定采取强制措施的期间不计入审查起诉期限。选项 D 正确。

📝 **总结归纳**

（1）恢复期间：①当事人申请；②正当事由；③障碍消除后 5 日内申请；④法院裁定。

（2）重新计算：①机关改变；②程序重来。

（3）不计入情形：身份不明、阅卷、中；精神鉴定、监委送。

第**11**讲 立 案

54. 张某顺手拿起魏某的手机砸伤了罗某，经鉴定，罗某受到的伤害为轻伤。据此，下列说法正确的是：（ ）

A. 罗某有权向公安机关举报

B. 罗某有权向检察院控告

C. 魏某有权向公安机关举报

D. 魏某有权向法院提起自诉

〔考点〕报案、控告、举报

55. 某县公安机关收到孙某控告何某对其强奸的材料，经审查认为本案并非何某所为，于是县公安机关作出不立案的决定。据此，下列表述正确的是：（ ）

A. 本案犯罪行为并非何某所为，公安机关不立案理由成立

B. 如果公安机关不予立案，应当将不立案的原因通知控告人，控告人如果不服，可以不向公安机关申请复议，直接请求检察院立案监督

C. 检察院认为公安机关对应当立案侦查的案件而不立案侦查的，应当直接通知公安机关立案

D. 县公安机关在立案前，可以依照有关法律和规定采取询问、查询、勘验、鉴定和搜查、扣押等措施

〔考点〕立案的条件、立案的监督程序

答案及解析

54. 〔考点〕报案、控告、举报

〔答案〕BC

〔解析〕根据《刑事诉讼法》第110条的规定，任何单位和个人发现有犯罪事实或者犯罪嫌疑人，有权利也有义务向公安机关、人民检察院或者人民法院报案或者举报。被害人对侵犯其人身、财产权利的犯罪事实或者犯罪嫌疑人，有权向公安机关、人民检察院或者人民法院报案或者控告。公安机关、人民检察院或者人民法院对于报案、控告、举报，都应当接受。对于不属于自己管辖的，应当移送主管机关处理，并且通知报案人、

控告人、举报人；对于不属于自己管辖而又必须采取紧急措施的，应当先采取紧急措施，然后移送主管机关。犯罪人向公安机关、人民检察院或者人民法院自首的，适用第3款规定。

选项AB，罗某作为本案的被害人，针对张某的侵害行为，有权向公、检、法机关控告。选项A错误，选项B正确。

选项C，魏某作为故意伤害案的案外人，有权以公民身份针对张某的伤害行为向公、检、法机关举报。选项C正确。

选项D，魏某作为手机的所有人有权针对自己遭受的物质损失向法院提起民事诉讼或者刑事附带民事诉讼，但是不能提起刑事自诉。选项D错误。

📝 **总结归纳**

（1）报案是任何人对案不对人；

（2）控告是被害人针对具体人；

（3）举报是案外人针对具体人。

55. [考点] 立案的条件、立案的监督程序

[答案] B

[解析] 选项A，根据《刑事诉讼法》第112条的规定，人民法院、人民检察院或者公安机关对于报案、控告、举报和自首的材料，应当按照管辖范围，迅速进行审查，认为有犯罪事实需要追究刑事责任的时候，应当立案；认为没有犯罪事实，或者犯罪事实显著轻微，不需要追究刑事责任的时候，不予立案，并且将不立案的原因通知控告人。控告人如果不服，可以申请复议。可知，立案的条件只需要满足：①有犯罪事实发生；②需要追究刑事责任。本案中，强奸虽然不是何某所为，但是有犯罪事实发生，需要追究刑事责任，符合立案的条件。选项A错误。

选项B，被害人针对公安机关不立案的决定，有三个救济办法：①作为控告人，可以向公安机关申请复议；②被害人认为公安机关对应当立案侦查的案件而不立案侦查的，可以向人民检察院提出申诉；③针对公安机关不立案的决定，被害人有证据证明对被告人侵犯自己人身、财产权利的行为应当依法追究刑事责任，且有证据证明曾经提出控告的，可以向法院提起自诉。注意，这三种救济途径没有先后顺序的要求。选项B正确。

选项C，根据《刑事诉讼法》第113条的规定，人民检察院认为公安机关对应当立案侦查的案件而不立案侦查的，或者被害人认为公安机关对应当立案侦查的案件而不立案侦查，向人民检察院提出的，人民检察院应当要求公安机关说明不立案的理由。人民检察院认为公安机关不立案理由不能成立的，应当通知公安机关立案，公安机关接到通知后应当立案。可知，检察院监督公安机关立案的步骤是先要求说理，后通知立案。选项C错误。

选项D，根据《公安部规定》第174条的规定，对接受的案件，或者发现的犯罪线索，公安机关应当迅速进行审查。发现案件事实或者线索不明的，必要时，经办

案部门负责人批准，可以进行调查核实。调查核实过程中，公安机关可以依照有关法律和规定采取询问、查询、勘验、鉴定和调取证据材料等<u>不限制被调查对象人身、财产权利的措施</u>。但是，<u>不得对被调查对象采取强制措施，不得查封、扣押、冻结被调查对象的财产，不得采取技术侦查措施</u>。选项 D 错误。

📝 **总结归纳**

（1）立案条件：①有犯罪事实；②需要追究刑事责任。

（2）初查活动：不得对初查对象采强制措施，不得查封、扣押、冻结初查对象的财产，不得采取技术侦查措施。

（3）不立案的监督与救济

①被害人：可找公安复议、复核；可找检察院申诉；可找法院自诉。（无先后顺序）

②检察院：先要求说理（7 日），后通知立案（15 日）。（有先后顺序）

第12讲 侦 查

56. 河北邯郸市初一学生王某某被杀害。案件发生后，公安机关立即开展侦破工作。2024年3月11日，涉案三名犯罪嫌疑人（均未成年）被全部抓获。侦查人员若对犯罪嫌疑人进行讯问，下列表述正确的是：（ ）

A. 侦查人员应当在羁押后24小时内讯问犯罪嫌疑人

B. 讯问应当在看守所内进行

C. 由于犯罪嫌疑人是未成年人，讯问应当通知其辩护人在场

D. 本案可以传唤犯罪嫌疑人到所在市、县公安机关执法办案场所或者到他的住处进行讯问

考点 讯问规则

57. 刘某和殷某是夫妻，其中殷某是哑巴，二人日常生活中用哑语进行交流。某天晚上，二人及其女儿高某（8周岁）共同目睹了犯罪嫌疑人罗某抢劫邻居的全过程。若侦查机关对他们进行询问，有关讯问与询问程序，下列说法中哪些是错误的？（ ）

A. 应当单独询问殷某，但可以请刘某在现场对其哑语进行翻译

B. 可以将殷某和刘某传唤到公安机关进行询问

C. 询问高某，应当有女性工作人员在场

D. 询问高某应当以一次为原则，避免反复询问

考点 询问证人

58. 罗某、张某奸杀刘某，被路过的贾某、殷某看见并报案。罗某、张某被抓获后，侦查人员负责组织辨认。关于辨认的程序，下列说法正确的是：（ ）

A. 在辨认刘某尸体时，只将刘某尸体与另一尸体混杂作为辨认对象

B. 将罗某混杂在9个具有类似特征的人员中，由贾某、殷某同时进行辨认

C. 在对张某进行辨认时，9名被辨认人员中的2名民警因紧急任务离开，在1名侦查人员的主持下，由贾某、殷某个别进行辨认

D. 辨认前，没有向辨认人详细询问被辨认对象的具体特征，因此该辨认笔录不能作为定案依据

考点 辨认规则

59. 2019年11月8日，孙小果出狱后涉黑一案一审获刑25年。12月15日，涉孙小果案

公职人员和重要关系人职务犯罪案一审宣判，19 名被告人分别获刑 2 年至 20 年。请回答下列 5 个问题。

（1）关于本案的技术侦查和技术调查，下列说法正确的是：（　　）

　　A. 孙小果出狱后的涉黑一案，公安机关在立案前，根据侦查犯罪的需要，经过严格的批准手续，可以采取技术侦查措施

　　B. 人民检察院对于孙小果的继父涉嫌的重大贿赂犯罪，根据侦查犯罪的需要，经过严格的批准手续，可以决定技术侦查措施

　　C. 技术侦查措施批准决定自签发之日起 3 个月以内有效，对于复杂、疑难案件，经过批准，有效期可以延长，每次不得超过 3 个月

　　D. 通过技术侦查措施收集到的证据材料可作为定案的依据，但必须经法庭调查程序查证属实，否则不能作为定案依据

　　[考 点] 技术侦查与技术调查

（2）孙小果的继父李某某、母亲孙某某均因涉受贿罪、行贿罪被采取留置措施，接受调查。关于本案的调查程序，下列说法正确的是：（　　）

　　A. 监察机关对李某某、孙某某身体进行搜查时，必须出示搜查证

　　B. 监察机关搜查孙小果的母亲孙某某时，应当由女性工作人员进行

　　C. 监察机关根据工作需要，可以依照规定查封、冻结涉案的存款、汇款、债券、股票、基金份额等财产

　　D. 孙小果的继父李某某、母亲孙某某被留置后脱逃，监察机关可以在本行政区域内决定和发布通缉令

　　[考 点] 监察机关的调查程序

（3）孙小果的继父李某某、母亲孙某某均因涉受贿罪、行贿罪被昆明市监察委采取留置措施。关于本案的留置，下列说法正确的是：（　　）

　　A. 留置应当由监察机关领导人员集体研究决定，昆明市监察机关采取留置措施的，应当报云南省人民检察院批准

　　B. 采取留置措施后，必须在 24 小时以内，通知被调查人所在单位和家属

　　C. 昆明市监察机关移送审查起诉，人民检察院应当决定对犯罪嫌疑人进行逮捕，留置措施自动解除

　　D. 案件移送司法机关后，被依法判处管制、拘役和有期徒刑的，留置 1 日折抵管制 2 日，折抵拘役、有期徒刑 1 日

　　[考 点] 留置措施

（4）关于孙小果涉黑案侦查中的羁押期限与本案有关的公职人员职务犯罪案件在调查中的留置期限，下列表述正确的是：（　　）

　　A. 孙小果案侦查羁押期限一般不得超过 2 个月，案情复杂、期限届满不能终结的案件，可以经上一级检察院批准延长 1 个月

　　B. 孙小果案属于可能判处 10 年有期徒刑以上的重大犯罪集团案件，在上述 3 个月基础上，经省级检察院批准，有可能再延长 4 个月

C. 侦查期间，发现孙小果另有重要罪行的，经检察院批准重新计算侦查羁押期限

D. 监察机关在调查程序中的留置期间不得超过 3 个月。在特殊情况下可以延长，每次延长时间不得超过 3 个月

[考 点] 侦查羁押期限与留置期间

(5) 关于孙小果案以及相关公职人员职务犯罪案件的补充侦查和补充调查，下列表述不正确的是：（　　）

A. 孙小果案在批捕阶段，检察院对于不批准逮捕，需要补充侦查的，既可以退回公安机关，也可自行补充侦查

B. 孙小果的继父李某某和母亲孙某某的行贿受贿案，人民检察院审查起诉中，对于事实不清、证据不足需要补充侦查的，既可以退回检察院自侦部门补充侦查，也可以自行侦查，退回补充侦查以 2 次为限

C. 审判期间，被告人孙小果如果提出新的立功线索，人民法院可以退回公安机关补充侦查

D. 审判期间，公诉机关发现漏罪、漏人的，只能由检察院补充侦查，不能再退回公安机关补充侦查

[考 点] 补充侦查和补充调查

答案及解析

56. [考 点] 讯问规则

[答 案] D

[解 析] 讯问犯罪嫌疑人，是指侦查人员依照法定程序以言词方式向犯罪嫌疑人查问案件事实的一种侦查行为。

选项 A，根据《刑事诉讼法》第 86 条的规定，公安机关对被拘留的人，应当在拘留后的 24 小时以内进行讯问。在发现不应当拘留的时候，必须立即释放，发给释放证明。根据《刑事诉讼法》第 94 条的规定，人民法院、人民检察院对于各自决定逮捕的人，公安机关对于经人民检察院批准逮捕的人，都必须在逮捕后的 24 小时以内进行讯问。在发现不应当逮捕的时候，必须立即释放，发给释放证明。可知，拘留后、逮捕后 24 小时内必须进行讯问，但是拘留后、逮捕后并不等于羁押后，拘留、逮捕到羁押还有一段时间的间隔。选项 A 错误。

选项 B，根据《刑事诉讼法》第 118 条的规定，讯问犯罪嫌疑人必须由人民检察院或者公安机关的侦查人员负责进行。讯问的时候，侦查人员不得少于 2 人。犯罪嫌疑人被送交看守所羁押以后，侦查人员对其进行讯问，应当在看守所内进行。可知，犯罪嫌疑人只有被送交看守所羁押以后，才应当在看守所内进行讯问。选项 B 错误。

选项 C，根据《刑事诉讼法》第 281 条第 1 款的规定，对于未成年人刑事案件，在讯问和审判的时候，应当通知未成年犯罪嫌疑人、被告人的法定代理人到场。无法通知、法定代理人不能到场或者法定代理人是共犯的，也可以通知未成年犯罪嫌

疑人、被告人的其他成年亲属，所在学校、单位、居住地基层组织或者未成年人保护组织的代表到场，并将有关情况记录在案。到场的法定代理人可以代为行使未成年犯罪嫌疑人、被告人的诉讼权利。法律并没有要求讯问未成年人应当有辩护人在场。选项C错误。

选项D，根据《公安部规定》第198条第1、4款的规定，讯问犯罪嫌疑人，除下列情形以外，应当在公安机关执法办案场所的讯问室进行：①紧急情况下在现场进行讯问的；②对有严重伤病或者残疾、行动不便的，以及正在怀孕的犯罪嫌疑人，在其住处或者就诊的医疗机构进行讯问的。对于不需要拘留、逮捕的犯罪嫌疑人，经办案部门负责人批准，可以传唤到犯罪嫌疑人所在市、县公安机关执法办案场所或者到他的住处进行讯问。选项D正确。

✍ 总结归纳

（1）讯问地点：羁押只在看守所，非押可在现、住、办。

（2）讯问时间：拘留、逮捕后24小时以内讯问；传唤、拘传后立即讯问。

（3）录音录像：无期死刑或其他重大犯罪应当录音录像。（自侦、监委通通都要录音像）

（4）特殊对象

①未成年人：应当通知他的法定代理人或者合适的成年人在场；（否则要排除供述）

②女性未成年人：应当有女性工作人员在场；

③聋哑人：应当找个懂手语的人。（否则要排除供述）

（5）讯问笔录：应当交犯罪嫌疑人核对。（否则要排除供述）

57. [考点] 询问证人

[答案] AB

[解析] 询问证人，是指侦查人员依照法定程序以言词方式向证人调查了解案件情况的一种侦查行为。

选项A，根据《刑事诉讼法》第124条第2款的规定，询问证人应当个别进行。选项中一个证人为另一个证人做翻译，违背了分别询问的规则。选项A错误，当选。

选项B，根据《刑事诉讼法》第124条第1款的规定，侦查人员询问证人，可以在现场进行，也可以到证人所在单位、住处或者证人提出的地点进行，在必要的时候，可以通知证人到人民检察院或者公安机关提供证言。在现场询问证人，应当出示工作证件，到证人所在单位、住处或者证人提出的地点询问证人，应当出示人民检察院或者公安机关的证明文件。可知，对证人是"通知"而非"传唤"。传唤只能针对当事人。选项B错误，当选。

选项C，根据《刑事诉讼法》第281条第3款的规定，讯问女性未成年犯罪嫌疑人，应当有女工作人员在场。根据《刑事诉讼法》第281条第5款的规定，询问未成年被害人、证人，适用第1款、第2款、第3款的规定。选项C正确，不当选。

选项 D，根据《高检规则》第 465 条第 6 款的规定，询问未成年被害人、证人，适用本条第 2 款至第 5 款的规定。询问应当以一次为原则，避免反复询问。选项 D 正确，不当选。

✏️ 总结归纳

（1）询问地点：提、住、侦、现、单。

（2）询问方法：个别进行。（否则要排除证言）

（3）录音录像：重大或有社会影响的案件的重要证人，应当对询问全程录音、录像。

（4）特殊对象

①未成年人：应当通知他的法定代理人或者合适的成年人在场；（否则证言需补正解释）

②女性未成年人：应当有女性工作人员在场；

③聋哑人：应当找个懂手语的人。（否则要排除证言）

（5）1 次原则：询问未成年被害人、证人应当以 1 次为原则，避免反复询问。

58. 考点 辨认规则

答案 A

解析 辨认，是指侦查人员为了查明案情，在必要时让被害人、证人以及犯罪嫌疑人对与犯罪有关的物品、文件、场所或者犯罪嫌疑人进行辨认的一种侦查行为。

选项 A，根据《公安部规定》第 260 条第 4 款的规定，对场所、尸体等特定辨认对象进行辨认，或者辨认人能够准确描述物品独有特征的，陪衬物不受数量的限制。选项 A 正确。

选项 B，根据《公安部规定》第 260 条第 1、2、3 款的规定，辨认时，应当将辨认对象混杂在特征相类似的其他对象中，不得在辨认前向辨认人展示辨认对象及其影像资料，不得给辨认人任何暗示。辨认犯罪嫌疑人时，被辨认的人数不得少于 7 人；对犯罪嫌疑人照片进行辨认的，不得少于 10 人的照片。辨认物品时，混杂的同类物品不得少于 5 件；对物品的照片进行辨认的，不得少于 10 个物品的照片。又根据《公安部规定》第 259 条第 2 款的规定，几名辨认人对同一辨认对象进行辨认时，应当由辨认人个别进行。本案由贾某、殷某同时进行辨认违反了程序。选项 B 错误。

选项 C，将张某混杂在 7 名人员中，符合混杂要求。根据《公安部规定》第 259 条第 1 款的规定，辨认应当在侦查人员的主持下进行。主持辨认的侦查人员不得少于 2 人。本案在 1 名侦查人员的主持下进行辨认违反程序。选项 C 错误。

选项 D，根据《高检规则》第 224 条的规定，辨认应当在检察人员的主持下进行，执行辨认的人员不得少于 2 人。在辨认前，应当向辨认人详细询问被辨认对象的具体特征，避免辨认人见到被辨认对象，并应当告知辨认人有意作虚假辨认应负的法律责任。可知，辨认前，应当向辨认人详细询问被辨认对象的具体特征。又根据

"两高三部"《关于办理死刑案件审查判断证据若干问题的规定》第30条第2款的规定，有下列情形之一的，通过有关办案人员的补正或者作出合理解释的，辨认结果可以作为证据使用：①主持辨认的侦查人员少于2人的；②没有向辨认人详细询问辨认对象的具体特征的；③对辨认经过和结果没有制作专门的规范的辨认笔录，或者辨认笔录没有侦查人员、辨认人、见证人的签名或者盖章的；④辨认记录过于简单，只有结果没有过程的；⑤案卷中只有辨认笔录，没有被辨认对象的照片、录像等资料，无法获悉辨认的真实情况的。可知，没有向辨认人详细询问辨认对象的具体特征的情形属于可以补正或者合理解释的情形。选项 D 错误。

✎ **总结归纳**

（1）辨认主持：2名以上侦查人员；（0人要排除）

（2）辨认主体：主体要个别；（违反要排除）

（3）辨认对象：对象要混杂；（公：7人5物10照/检：7人5物10人照5物照）（违反要排除）

（4）防止预断：应当提前问，不能提前见；（预见要排除）

（5）禁止暗示。（违反要排除）

59. （1）**考点** 技术侦查与技术调查

答案 C

解析 技术侦查，是国家安全机关和公安机关为了侦查犯罪而采取的特殊侦查措施。包括电子侦听、电话监听、电子监控、秘密拍照或录像、秘密获取某些物证、邮件等秘密的专门技术手段。

选项 A，根据《刑事诉讼法》第150条的规定，公安机关在立案后，对于危害国家安全犯罪、恐怖活动犯罪、黑社会性质的组织犯罪、重大毒品犯罪或者其他严重危害社会的犯罪案件，根据侦查犯罪的需要，经过严格的批准手续，可以采取技术侦查措施。人民检察院在立案后，对于利用职权实施的严重侵犯公民人身权利的重大犯罪案件，根据侦查犯罪的需要，经过严格的批准手续，可以采取技术侦查措施，按照规定交有关机关执行。追捕被通缉或者批准、决定逮捕的在逃的犯罪嫌疑人、被告人，经过批准，可以采取追捕所必需的技术侦查措施。本案中，孙小果涉嫌的黑社会性质组织犯罪，根据侦查犯罪的需要，经过严格的批准手续，可以采取技术侦查措施，但是，技术侦查手段只能在立案后使用。选项 A 错误。

选项 B，根据《监察法》第28条第1款的规定，监察机关调查涉嫌重大贪污贿赂等职务犯罪，根据需要，经过严格的批准手续，可以采取技术调查措施，按照规定交有关机关执行。对孙父涉嫌的重大贿赂犯罪，监察机关可以采取技术调查措施，而不是由人民检察院决定技术侦查。选项 B 错误。

选项 C，根据《刑事诉讼法》第151条的规定，批准决定应当根据侦查犯罪的需要，确定采取技术侦查措施的种类和适用对象。批准决定自签发之日起3个月以内有效。对于不需要继续采取技术侦查措施的，应当及时解除；对于复杂、疑难案件，期限届满仍有必要继续采取技术侦查措施的，经过批准，有效期可以延长，每次不得超过 3 个月。选项 C 正确。

选项 D，根据《关于建立健全防范刑事冤假错案工作机制的意见》第 12 条第 2 款的规定，采取技术侦查措施收集的证据，除可能危及有关人员的人身安全，或者可能产生其他严重后果，由人民法院依职权庭外调查核实的外，未经法庭调查程序查证属实，不得作为定案的根据。可知，通过技术侦查收集的证据，有可能在庭外调查核实。选项 D 错误。

📝 **总结归纳**

（1）主体控制：公、检决定；公安执行。（重大贪污贿赂监察委决定技术调查）

（2）案件控制

①公安：危恐黑毒严；

②检院：职权侵人权；

③监委：贪贿职务犯；

④都有：追捕在逃犯。

（3）批准执行：3 月有效，每次延长不超 3 月。（3+N 个 3）

（4）证据使用：必要的时候，可以由审判人员在庭外对证据进行核实。

（2）**考点** 监察机关的调查程序

答案 AB

解析 选项 A，根据《监察法》第 24 条第 1 款的规定，监察机关可以对涉嫌职务犯罪的被调查人以及可能隐藏被调查人或者犯罪证据的人的身体、物品、住处和其他有关地方进行搜查。在搜查时，应当出示搜查证，并有被搜查人或者其家属等见证人在场。选项 A 正确。

选项 B，根据《监察法》第 24 条第 2 款的规定，搜查女性身体，应当由女性工作人员进行。选项 B 正确。

选项 C，根据《监察法》第 23 条的规定，监察机关调查涉嫌贪污贿赂、失职渎职等严重职务违法或者职务犯罪，根据工作需要，可以依照规定查询、冻结涉案单位和个人的存款、汇款、债券、股票、基金份额等财产。有关单位和个人应当配合。冻结的财产经查明与案件无关的，应当在查明后 3 日内解除冻结，予以退还。可知，选项中表述查封存款、汇款、债券、股票、基金份额等财产错误，正确做法是查询。选项 C 错误。

选项 D，根据《监察法》第 29 条的规定，依法应当留置的被调查人如果在逃，监察机关可以决定在本行政区域内通缉，由公安机关发布通缉令，追捕归案。通缉范围超出本行政区域的，应当报请有权决定的上级监察机关决定。可知，即使是监察机关决定的通缉，也应当由公安机关发布。选项 D 错误。

（3）[考 点] 留置措施

[答 案] D

[解 析] 选项A，根据《监察法》第43条第1款的规定，监察机关采取留置措施，应当由监察机关领导人员集体研究决定。设区的市级以下监察机关采取留置措施，应当报上一级监察机关批准。省级监察机关采取留置措施，应当报国家监察委员会备案。选项A错误。

选项B，根据《监察法》第44条第1款的规定，对被调查人采取留置措施后，应当在24小时以内，通知被留置人员所在单位和家属，但有可能毁灭、伪造证据，干扰证人作证或者串供等有碍调查情形的除外。有碍调查的情形消失后，应当立即通知被留置人员所在单位和家属。选项B忽略了例外情形，错误。

选项C，根据《刑事诉讼法》第170条第2款的规定，对于监察机关移送起诉的已采取留置措施的案件，人民检察院应当对犯罪嫌疑人先行拘留，留置措施自动解除。人民检察院应当在拘留后的10日以内作出是否逮捕、取保候审或者监视居住的决定。在特殊情况下，决定的时间可以延长1日至4日。人民检察院决定采取强制措施的期间不计入审查起诉期限。本案人民检察院应当对监察委移送的犯罪嫌疑人"先行拘留"而非"逮捕"。选项C错误。

选项D，根据《监察法》第44条第3款的规定，被留置人员涉嫌犯罪移送司法机关后，被依法判处管制、拘役和有期徒刑的，留置1日折抵管制2日，折抵拘役、有期徒刑1日。选项D正确。

（4）[考 点] 侦查羁押期限与留置期间

[答 案] AB

[解 析] 选项A，根据《刑事诉讼法》第156条的规定，对犯罪嫌疑人逮捕后的侦查羁押期限不得超过2个月。案情复杂、期限届满不能终结的案件，可以经上一级人民检察院批准延长1个月。选项A正确。

选项B，根据《刑事诉讼法》第158条的规定，下列案件在《刑事诉讼法》第156条规定的期限届满不能侦查终结的，经省、自治区、直辖市人民检察院批准或者决定，可以延长2个月：①交通十分不便的边远地区的重大复杂案件；②重大的犯罪集团案件；③流窜作案的重大复杂案件；④犯罪涉及面广，取证困难的重大复杂案件。又根据《刑事诉讼法》第159条的规定，对犯罪嫌疑人可能判处10年有期徒刑以上刑罚，依照《刑事诉讼法》第158条规定延长期限届满，仍不能侦查终结的，经省、自治区、直辖市人民检察院批准或者决定，可以再延长2个月。选项B既属于重大犯罪集团案件，又属于可能判处10年有期徒刑以上的案件，因此延长时间可达4个月。选项B正确。

选项C，根据"两高三部一委"《关于实施刑事诉讼法若干问题的规定》第22条的规定，《刑事诉讼法》第158条（现为第160条）第1款规定："在侦查期间，发现犯罪嫌疑人另有重要罪行的，自发现之日起依照本法第154条（现为第156条）的规定重新计算侦查羁押期限。"公安机关依照上述规定重新计算侦查羁押期限的，不需要经人民检察院批准，但应当报人民检察院备案，人民检察院可以进行监督。可知，公安机关重新计算侦查羁押期限的，不需要经人民检察院批准，但应当报人民检察院备案。选项C错误。

选项D，根据《监察法》第43条第2款的规定，留置时间不得超过3个月。在特殊情况下，可以延长1次，延长时间不得超过3个月。省级以下监察机关采取留置措施的，延长留置时间应当报上一级监察机关批准。监察机关发现采取留置措施不当的，应当及时解除。可知，留置期间只能延长一次。选项D错误。

✎ **总结归纳**

（1）侦查羁押期限：2+1+2+2+X；

（2）留置期间：3+3。

（5）[考 点] 补充侦查和补充调查

[答 案] ABCD

[解 析] 补充侦查，是指公安机关或者人民检察院依照法定程序，在原有侦查工作的基础上进行补充收集证据的一种侦查活动。补充侦查在程序上有三种，即审查批捕时的补充侦查、审查起诉时的补充侦查和法庭审理时的补充侦查。

选项A，根据《刑事诉讼法》第90条的规定，人民检察院对于公安机关提请批准逮捕的案件进行审查后，应当根据情况分别作出批准逮捕或者不批准逮捕的决定。对于批准逮捕的决定，公安机关应当立即执行，并且将执行情况及时通知人民检察院。对于不批准逮捕的，人民检察院应当说明理由，需要补充侦查的，应当同时通知公安机关。可知，批捕阶段的补充侦查只能通知公安补充侦查。选项A错误，当选。

选项B，行贿受贿案是监察机关调查后移送检察院审查起诉的案件，根据《监察法》第47条第3款的规定，人民检察院经审查，认为需要补充核实的，应当退回监察机关补充调查，必要时可以自行补充侦查。对于补充调查的案件，应当在1个月内补充调查完毕。补充调查以2次为限。本案中行贿受贿案属于监察委移送审查起诉的案件，经审查，认为需要补充核实的，应当退回监察机关补充调查，必要时可以自行补充侦查。选项B错误，当选。

选项C，根据《刑诉解释》第277条的规定，审判期间，合议庭发现被告人可能有自首、坦白、立功等法定量刑情节，而人民检察院移送的案卷中没有相关证据材料的，应当通知人民检察院移送。审判期间，被告人提出新的立功线索的，人民法院可以建议人民检察院补充侦查。选项C错误，当选。

选项D，根据《高检规则》第422条第1款的规定，在审判过程中，对于需要补充提供法庭审判所必需的证据或者补充侦查的，人民检察院应当自行收集证据和进行侦查，必要时可以要求监察机关或者公安机关提供协助；也可以书面要求监察机关或者公安机关补充提供证据。又根据《高检规则》第423条的规定，人民法院宣告判决前，人民检察院发现遗漏同案犯罪嫌疑人或者罪行的，<u>应当要求公安机关补充移送起诉或者补充侦查</u>；对于犯罪事实清楚，证据确实、充分的，可以直接追加、补充起诉。选项 D 错误，当选。

📝 **总结归纳**

批捕阶段		对于不批准逮捕的，检察院应当说明理由，需要补充侦查的，应当同时通知公安。
审查起诉	退回补充	（1）退回公安机关、自侦部门、监察委；（哪里来哪里去） （2）最多 2 次，每次最多 1 个月； （3）重算审查期限； （4）补侦后证据不足存疑不起诉。（1 次补侦可以不诉，2 次补侦应当不诉）
	自行侦查	捕诉部门，无次数限制。
审判阶段		（1）补侦主体：关键看赖谁就由谁补侦； （2）法院不主动建议，但审判期间，被告人提出新的立功线索的，可以建议检察院补充侦查； （3）最多 2 次，每次 1 个月； （4）期限届满后，检察院未将补充的材料移送法院的，法院可以根据在案证据作出裁判。

第 13 讲 起 诉

60. 检察院在审查起诉时，下列哪些处理是错误的？（ ）

    A. 甲县公安局将魏某抢劫案移送甲县检察院审查起诉，甲县检察院审查认为魏某可能会被判处死刑，遂将案件退回甲县公安局

    B. 人民检察院审查刘某间谍案，经过 2 次补充侦查后，在审查起诉中又发现新的犯罪事实的，只能作出存疑不起诉的决定

    C. 人民检察院审查高某抢劫罪案，发现有依法应当移送起诉的同案犯罗某未移送起诉的，应当将罗某移送公安机关另案侦查，对高某直接提起公诉

    D. 自侦部门移送审查起诉的非法拘禁案，在审查起诉阶段发现该案本应由公安机关管辖，应当及时移送公安机关办理

    [考 点] 审查起诉中的特殊情形之处理

61. 下列哪一案件，既可以作出不起诉决定，也可以作出起诉决定？（ ）

    A. 甲涉嫌故意伤害罪，经鉴定，被害人受到的伤害为轻微伤

    B. 乙涉嫌故意伤害罪，经鉴定，被害人受到的伤害为轻伤，但情节轻微，且乙是盲人

    C. 丙涉嫌非法侵入住宅罪，经查明，丙是因为受到野猪追赶被迫闯入被害人住宅，属于紧急避险

    D. 丁涉嫌偷税罪，案件经过 1 次退回补充侦查，仍事实不清，证据不足

    [考 点] 不起诉的种类

62. 狱警向某私放在押人员罗某一案，怀化市人民检察院审查起诉认为本案犯罪情节轻微，于是决定不起诉。关于本案的不起诉程序，下列表述正确的是：（ ）

    A. 怀化市人民检察院需要经过湖南省检察院批准决定不起诉

    B. 公安机关认为不起诉的决定有错误的，可以向人民检察院申请复议

    C. 罗某对不起诉决定不服，可以向上一级人民检察院申诉，请求提起公诉

    D. 如果向某不服该决定，可以向人民检察院申诉

    [考 点] 不起诉程序

答案及解析

60. [考 点] 审查起诉中的特殊情形之处理

[答 案] ABCD

[解 析] 选项A，根据《高检规则》第328条第1、2款的规定，各级人民检察院提起公诉，应当与人民法院审判管辖相适应。负责捕诉的部门收到移送起诉的案件后，经审查认为不属于本院管辖的，应当在发现之日起5日以内经由负责案件管理的部门移送有管辖权的人民检察院。属于上级人民法院管辖的第一审案件，应当报送上级人民检察院，同时通知移送起诉的公安机关；属于同级其他人民法院管辖的第一审案件，应当移送有管辖权的人民检察院或者报送共同的上级人民检察院指定管辖，同时通知移送起诉的公安机关。选项A错误，当选。

选项B，根据《高检规则》第349条的规定，人民检察院对已经退回监察机关2次补充调查或者退回公安机关2次补充侦查的案件，在审查起诉中又发现新的犯罪事实，应当将线索移送监察机关或者公安机关。对已经查清的犯罪事实，应当依法提起公诉。选项中对新发现的犯罪事实，没有将线索移送监察机关或者公安机关，而是直接作不起诉决定错误。选项B错误，当选。

选项C，根据《高检规则》第356条的规定，人民检察院在办理公安机关移送起诉的案件中，发现遗漏罪行或者有依法应当移送起诉的同案犯罪嫌疑人未移送起诉的，应当要求公安机关补充侦查或者补充移送起诉。对于犯罪事实清楚，证据确实、充分的，也可以直接提起公诉。选项C错误，当选。

选项D，根据《高检规则》第357条的规定，人民检察院立案侦查时认为属于直接受理侦查的案件，在审查起诉阶段发现属于监察机关管辖的，应当及时商监察机关办理。属于公安机关管辖，案件事实清楚，证据确实、充分，符合起诉条件的，可以直接起诉；事实不清、证据不足的，应当及时移送有管辖权的机关办理。在审查起诉阶段，发现公安机关移送起诉的案件属于监察机关管辖，或者监察机关移送起诉的案件属于公安机关管辖，但案件事实清楚、证据确实、充分，符合起诉条件的，经征求监察机关、公安机关意见后，没有不同意见的，可以直接起诉；提出不同意见，或者事实不清、证据不足的，应当将案件退回移送案件的机关并说明理由，建议其移送有管辖权的机关办理。根据该条文规定，可知，本案检察院的正确做法是：案件事实清楚，证据确实、充分，符合起诉条件的，可以直接起诉；事实不清、证据不足的，应当及时移送有管辖权的机关办理。选项D错误，当选。

📝 **总结归纳**

审查起诉特殊问题的处理

材料不齐备	应当及时要求移送案件的单位补送相关材料。
管辖权错	连同案卷材料移送有管辖权的检察院，同时通知公安机关。

立案管辖错	(1) 检院误查了监委的案：商； (2) 检院误查了公安的案：查清了就诉，没查清就送； (3) 公安、监委误查了彼此的案：查清了且双方没意见就诉，否则退回建议移送。
同案犯在逃	要求公安采取措施保证在逃犯到案后另案移送，在案的照常进行。
漏罪、漏人	应当要求公安补充侦查或补充移送；事实清楚，证据充分，也可以直接公诉。
发现新犯罪	二次补侦，又发现新的犯罪事实，应当移送公安或监委；已经查清的，应当提起公诉。

61. [考点] 不起诉的种类

[答案] B

[解析] 根据《刑事诉讼法》第175、177、282条的规定，不起诉分为法定不起诉、酌定不起诉、存疑不起诉三类。

（1）法定不起诉，又称绝对不起诉或应当不起诉。法定不起诉，是指犯罪嫌疑人没有犯罪事实或者具有《刑事诉讼法》第16条规定的不追究刑事责任情形之一的，人民检察院应当作出的不起诉决定。

（2）酌定不起诉，又称相对不起诉。酌定不起诉，是指人民检察院认为犯罪嫌疑人的犯罪情节轻微，依照刑法规定不需要判处刑罚或者免除刑罚的案件，可以作出的不起诉决定。

（3）存疑不起诉，又称证据不足的不起诉。存疑不起诉是指人民检察院对于经过补充侦查的案件，仍然认为证据不足，不符合起诉条件的，经检察委员会讨论决定，可以作出不起诉决定。而根据我国《刑事诉讼法》第175条第3款规定的精神，补充侦查的案件应在1个月内补充侦查完毕，补充侦查以2次为限。因此，经过2次补充侦查，对于事实仍未查清、证据不足的案件，人民检察院应当作出不起诉的决定。

选项A，被害人受到了轻微伤，属于情节显著轻微，不认为是犯罪，这属于法定不起诉。应当不起诉。选项A不当选。

选项B，被害人受到的伤害为轻伤，但情节轻微，且乙是盲人，依据刑法可以免除刑罚，属于酌定不起诉的情形，检察院可以决定不起诉，也可以决定起诉。选项B当选。

选项C，紧急避险并不构成犯罪，属于法定不起诉的情节，应当不起诉。选项C不当选。

选项D，事实不清，证据不足属于存疑不起诉的表现，证据不足不能起诉。选项D不当选。

📝 总结归纳

（1）法定不起诉：显著轻、过时效，特赦、告诉和死掉，还有无罪绝不诉；

（2）酌定不起诉：有罪、轻微、不判刑，可以酌定不起诉；

（3）存疑不起诉：退补1次可不诉，退补2次应不诉。

62. [考 点] 不起诉程序

[答 案] AD

[解 析] 选项 A，由于私放在押人员罪属于检察院自侦案件，根据《高检规则》第 371 条的规定，人民检察院直接受理侦查的案件，以及监察机关移送起诉的案件，拟作不起诉决定的，应当报请上一级人民检察院批准。选项 A 正确。

选项 B，由于私放在押人员罪属于检察院自侦案件，公安机关无权就该不起诉决定申请复议。选项 B 错误。

选项 C，根据《刑事诉讼法》第 180 条的规定，对于有被害人的案件，决定不起诉的，人民检察院应当将不起诉决定书送达被害人。被害人如果不服，可以自收到决定书后 7 日以内向上一级人民检察院申诉，请求提起公诉。但是，本案罗某并非被害人。选项 C 错误。

选项 D，根据《刑事诉讼法》第 181 条的规定，对于酌定不起诉决定，被不起诉人如果不服，可以自收到决定书后 7 日以内向人民检察院申诉。人民检察院应当作出复查决定，通知被不起诉的人，同时抄送公安机关。选项 D 正确。

✎**总结归纳**

不起诉的救济：

(1) 公安机关：要求复议、复核。

(2) 监察机关：可以向上一级检察院提请复议。

(3) 被害人：①可向上一级检察院申诉；②也可自诉。

(4) 被不起诉人：仅对酌定不起诉向原机关申诉。

第14讲 刑事审判概述

63. 关于刑事审判的特征，下列表述正确的是：（ ）

    A. 罗某强奸案，法院依法公开审理，体现了审判的公开性

    B. 张某抢劫案，证人因路途遥远无法出庭，采用远程作证方式在庭审过程中作证，违反了审判的亲历性

    C. 殷某盗窃案，检察院指控了盗窃罪，法院直接以抢劫罪定罪处罚，违反了审判的被动性

    D. 鄂某贩毒案，在没有上诉、抗诉的情况下，法院不能主动开启二审程序，体现了审判的被动性

    [考 点] 审判的特征

64. 关于审判基本原则和基本制度，下列表述错误的是：（ ）

    A. 根据公开审判原则的要求，一审中，任何案件都要公开审理和公开宣判

    B. 根据集中审理原则的要求，案件的审理要求合议庭成员全部在场，不能有人缺席

    C. 案件一旦开始审理即不得更换法官，体现了直接言词原则的要求

    D. 根据两审终审制的要求，经过两级法院审判所作的裁判都是生效裁判

    [考 点] 刑事审判基本原则和制度

65. 关于审判组织，下列说法正确的是：（ ）

    A. 速裁程序都是由审判员独任审理，简易程序可以由审判员和陪审员组成合议庭审理

    B. 中级人民法院审判一审案件，可以由审判员和人民陪审员3人至7人组成合议庭进行

    C. 最高人民法院审判第一审案件，应当由审判员3人或7人组成合议庭进行

    D. 缺席审判程序中不能出现陪审员

    [考 点] 审判组织

66. 杭州许某涉嫌故意杀人案，经媒体曝光后，在全国产生重大影响，杭州市人民检察院依法向杭州市中院提起公诉。关于本案的审判组织，下列说法错误的是：（ ）

    A. 本案可以由审判员独任审理

    B. 由于本案社会影响重大，应当由中院的院长担任审判长

    C. 本案的陪审员王某可以对事实认定、法律适用独立发表意见，行使表决权

    D. 本案如果拟判处许某无期徒刑，合议庭应当提请院长决定提交审判委员会讨论决定

    [考 点] 审判组织

67. 下列哪些情形下，合议庭成员不承担责任？（　　　）

A. 发现了新的无罪证据，合议庭作出的判决被改判的

B. 合议庭认为审前供述虽非自愿，但能够与其他证据相印证，因此予以采纳，该供述后来被上级法院排除而改判的

C. 辩护方提出被告人不在犯罪现场的线索和证据材料，合议庭不予调查，作出有罪判决而被改判无罪的

D. 合议庭对某一事实的认定以生效的民事判决为依据，后来该民事判决被撤销，导致刑事判决发回重审的

考点 合议庭免责事由

答案及解析

63. 考点 审判的特征

答案 D

解析 刑事审判有诸多特征，分别为：被动性、独立性、中立性、职权性、程序性、亲历性、公开性、公正性、终局性。

选项A，根据《刑事诉讼法》第188条的规定，人民法院审判第一审案件应当公开进行。但是有关国家秘密或者个人隐私的案件，不公开审理；涉及商业秘密的案件，当事人申请不公开审理的，可以不公开审理。不公开审理的案件，应当当庭宣布不公开审理的理由。可知，强奸案涉及个人隐私，依法不能公开审理。选项A错误。

选项B，刑事审判的亲历性，是指案件的裁判者必须自始至终参与审理，审查所有证据，对案件作出判决须以充分听取控辩双方的意见为前提。根据《刑诉解释》第253条的规定，证人具有下列情形之一，无法出庭作证的，人民法院可以准许其不出庭：①在庭审期间身患严重疾病或者行动极为不便的；②居所远离开庭地点且交通极为不便的；③身处国外短期无法回国的；④有其他客观原因，确实无法出庭的。具有前款规定情形的，可以通过视频等方式作证。选项中证人因路途遥远无法出庭，采用远程作证方式在庭审过程中作证，并没有违背亲历性的特征，因为法官还是亲自审查了本案的证据，听取了证人的证言。选项B错误。

选项C，审判程序启动的被动性，是指人民法院审判案件奉行"不告不理"原则，即没有起诉，就没有审判。选项中犯罪事实已经被指控，因此法院在有检察院指控犯罪事实的前提下，可以依法对该指控事实作出裁判，至于判决何种罪名，应当由法院决定。法院改变指控的罪名是法院行使定罪权的表现，并没有违反不告不理的原则。选项C错误。

选项D，法院审判奉行不告不理原则，没有起诉就不会启动一审程序，没有上诉、抗诉就不会启动二审程序。选项D正确。

64. [考 点] 刑事审判基本原则和制度

[答 案] ABCD

[解 析] 选项A，根据《刑事诉讼法》第188条的规定，人民法院审判第一审案件应当公开进行。但是有关国家秘密或者个人隐私的案件，不公开审理；涉及商业秘密的案件，当事人申请不公开审理的，可以不公开审理。不公开审理的案件，应当当庭宣布不公开审理的理由。可知，公开审判也有例外规定。选项A错误，当选。

选项BC，集中审理原则，又称不中断审理原则，是指法院开庭审理案件，应当在不更换审判人员的条件下连续进行，不得中断审理的诉讼原则。直接言词原则，是指法官必须在法庭上亲自听取当事人、证人及其他诉讼参与人的口头陈述，案件事实和证据必须由控辩双方当庭口头提出并以口头辩论和质证的方式进行调查。可知，选项B体现了直接言词原则，选项C体现了集中审理原则。选项BC错误，当选。

选项D，根据《刑事诉讼法》第10条的规定，人民法院审判案件，实行两审终审制。但是并非所有刑事案件经过两级法院审理都是生效裁判，比如死刑案件以及法定刑以下量刑的案件，还需要经最高院核准方可生效。选项D错误，当选。

📝 **总结归纳**

（1）审判公开原则；（国家秘密、个人隐私、未成年绝对不能）（商业秘密申请可以不公开）

（2）直接言词原则；（亲自面对、口头陈述）

（3）集中审理原则；（人不换、事不断）

（4）两审终审的例外：最高院一审就终审/死刑、法定刑以下量刑要复核。

65. [考 点] 审判组织

[答 案] A

[解 析] 审判组织是指人民法院审判案件的组织形式。根据《刑事诉讼法》和《人民法院组织法》的规定，人民法院审判刑事案件的组织形式有三种，即独任庭、合议庭和审判委员会。

选项A，根据《刑事诉讼法》第222条第1款的规定，基层人民法院管辖的可能判处3年有期徒刑以下刑罚的案件，案件事实清楚，证据确实、充分，被告人认罪认罚并同意适用速裁程序的，可以适用速裁程序，由审判员1人独任审判。又根据《刑事诉讼法》第216条第1款的规定，适用简易程序审理案件，对可能判处3年有期徒刑以下刑罚的，可以组成合议庭进行审判，也可以由审判员1人独任审判；对可能判处的有期徒刑超过3年的，应当组成合议庭进行审判。选项A正确。

选项B，根据《刑事诉讼法》第183条第1款的规定，基层人民法院、中级人民法院审判第一审案件，应当由审判员3人或者由审判员和人民陪审员共3人或者7人组成合议庭进行，但是基层人民法院适用简易程序、速裁程序的案件可以由审判员1人独任审判。可知，审判员与陪审员共同组成合议庭的只能出现3人或7人，不能出现

5人。选项B错误。

选项C，根据《刑事诉讼法》第183条第3款的规定，最高人民法院审判第一审案件，应当由审判员3~7人组成合议庭进行。选项C错误。

选项D，根据《刑事诉讼法》第291条第2款的规定，缺席审判的案件，由犯罪地、被告人离境前居住地或者最高人民法院指定的中级人民法院组成合议庭进行审理。此程序依然适用一审合议庭的组成规则，适用《刑事诉讼法》第183条的相关规定。选项D错误。

✎ **总结归纳**

基层简速可独任，其他统统用合议；法官低3高到357，法陪统统3或7；最高专业不用陪，地方一审可以陪；二审法官3或5，复核法官仅3人；再审具体看几审，重审另组合议庭。

66. [考点] 审判组织

[答案] ABCD

[解析] 选项A，根据《刑事诉讼法》第183条第1款的规定，基层人民法院、中级人民法院审判第一审案件，应当由审判员三人或者由审判员和人民陪审员共三人或者七人组成合议庭进行，但是基层人民法院适用简易程序、速裁程序的案件可以由审判员一人独任审判。本案是故意杀人案，可能判处无期、死刑，因此一审应当由中院审理，不可能在基层法院适用简易、速裁程序。另外，根据《人民陪审员法》第16条的规定，人民法院审判下列第一审案件，由人民陪审员和法官组成七人合议庭进行：①可能判处10年以上有期徒刑、无期徒刑、死刑，社会影响重大的刑事案件；②根据民事诉讼法、行政诉讼法提起的公益诉讼案件；③涉及征地拆迁、生态环境保护、食品药品安全，社会影响重大的案件；④其他社会影响重大的案件。可知，本案应当由人民陪审员和法官组成七人合议庭进行审理。选项A错误，当选。

选项B，根据《刑诉解释》第212条的规定，合议庭由审判员担任审判长。院长或者庭长参加审理案件时，由其本人担任审判长。审判员依法独任审判时，行使与审判长相同的职权。可知，审判员也可以当审判长。选项B错误，当选。

选项C，根据《刑诉解释》第215条的规定，人民陪审员参加三人合议庭审判案件，应当对事实认定、法律适用独立发表意见，行使表决权。人民陪审员参加七人合议庭审判案件，应当对事实认定独立发表意见，并与审判员共同表决；对法律适用可以发表意见，但不参加表决。又根据《人民陪审员法》第16条的规定，可知，本案应当由人民陪审员和法官组成七人合议庭进行审理。所以，陪审员对法律适用可以发表意见，但不参加表决。选项C错误，当选。

选项D，根据《刑诉解释》第216条第1、2款的规定，合议庭审理、评议后，应当及时作出判决、裁定。对下列案件，合议庭应当提请院长决定提交审判委员会讨论决定：①高级人民法院、中级人民法院拟判处死刑立即执行的案件，以及中级人民法院拟判处死刑缓期执行的案件；②本院已经发生法律效力的判决、裁定确有错误需要再审的案件；③人民检察院依照审判监督程序提出抗诉的案件。选项 D 错误，当选。

✎ **总结归纳**

(1) 七人法陪合议庭：征、环、药、十、益。

(2) 陪审员表决权限

①三人合议庭，事实、法律都能表决；

②七人合议庭，事实部分可表决，法律部分不表决。

67. 〔考 点〕合议庭免责事由

〔答 案〕ABD

〔解 析〕根据《最高人民法院关于进一步加强合议庭职责的若干规定》第 10 条的规定，合议庭组成人员存在违法审判行为的，应当按照《人民法院审判人员违法审判责任追究办法（试行）》等规定追究相应责任。合议庭审理案件有下列情形之一的，合议庭成员不承担责任：①因对法律理解和认识上的偏差而导致案件被改判或者发回重审的；②因对案件事实和证据认识上的偏差而导致案件被改判或者发回重审的；③因新的证据而导致案件被改判或者发回重审的；④因法律修订或者政策调整而导致案件被改判或者发回重审的；⑤因裁判所依据的其他法律文书被撤销或变更而导致案件被改判或者发回重审的；⑥其他依法履行审判职责不应当承担责任的情形。

选项 A，符合上述第 3 项的规定，当选。

选项 B，符合上述第 2 项的规定，当选。

选项 C，没有法律依据，不当选。

选项 D，符合上述第 5 项的规定，当选。

✎ **总结归纳**

无过才无责，有过就有责。

第15讲 第一审程序

68. 法院对检察院提起公诉的魏某贪污一案进行庭前审查，下列做法正确的是：（　　）

A. 发现被告人魏某在起诉前已从看守所脱逃的，退回监察机关处理

B. 发现案件管辖错误的，应当移送管辖

C. 起诉时提供的 1 名外地证人石某没有列明住址和通讯处的，通知检察院补送

D. 因证据不足宣告被告人无罪后，人民检察院根据新的事实、证据重新起诉的，裁定不予受理

[考 点] 公诉案件庭前审查

69. 关于庭前会议，下列表述错误的是：（　　）

A. 控辩双方申请召开庭前会议的，法院应当召开庭前会议

B. 辩护人申请排除非法证据的，可在庭前会议中就是否排除作出决定

C. 召开庭前会议应当通知公诉人、被告人到场

D. 在庭前会议中对明显事实不清、证据不足的案件，可以建议人民检察院补充侦查

[考 点] 庭前会议

70. 关于法庭调查活动，下列说法错误的是：（　　）

A. 审判长宣布法庭调查开始后，应当先由公诉人宣读公诉词

B. 经审判长准许，被害人及其法定代理人、诉讼代理人以及附带民事诉讼原告人可以就公诉人讯问的犯罪事实补充发问

C. 向证人、鉴定人发问，应当先由控方进行，然后辩方也可以发问

D. 审判期间，合议庭发现被告人可能有自首、坦白、立功等法定量刑情节，而人民检察院移送的案卷中没有相关证据材料的，人民法院可以建议人民检察院补充侦查

[考 点] 法庭调查

71. 关于法庭审判阶段程序，下列说法错误的是：（　　）

A. 法庭辩论过程中，合议庭发现与定罪、量刑有关的新的事实，有必要调查的，审判长可以宣布暂停辩论，恢复法庭调查，在对新的事实调查后，继续法庭辩论

B. 被告人在最后陈述中提出新的事实、证据，合议庭认为可能影响正确裁判的，应当恢复法庭辩论

C. 罗小翔非法集资一案，考虑到被害人人数众多，法院经审查认为，分案审理更有利于

保障庭审质量和效率的，法院可以分案审理

D. 公诉人当庭发表与起诉书不同的意见，属于变更、追加、补充或者撤回起诉的，人民法院可以允许人民检察院当庭以口头方式提出

考点 法庭审理规则

72. 人民法院经过审理，作出的下列裁判，正确的是：（　　）

A. 起诉指控的事实清楚，证据确实、充分，指控的是盗窃罪，法院审理认定的罪名是抢夺罪，应当按照审理认定的抢夺罪名作出有罪判决

B. 如果案件部分事实清楚，证据确实、充分的，应当根据疑罪从无的要求，全案作无罪判决

C. 被告人盗窃但不满16周岁，应当判决其无罪

D. 被告人死亡的，目前证据表明被告人无罪的，法院应当裁定终止审理

考点 法院裁判类型

73. 关于人民法院在审理案件中对相关情形的处理，下列说法正确的是：（　　）

A. 检察院对张某盗窃一案以盗窃罪起诉到法院，人民法院认为本案事实清楚，证据充分，但是法院认为本案应当定抢夺罪而非盗窃罪，人民法院直接以抢夺罪定罪处罚

B. 某县人民法院审理向某盗窃案时，发现被告人盗窃后还有暴力抗拒抓捕的行为。对此，人民法院可以直接以抢劫罪定罪处罚

C. 人民法院审理检察院指控的殷某盗窃罪，经过审理认为属于侵占罪，法院直接以侵占罪定罪处罚

D. 审判期间，被告人提出新的立功线索的，人民法院应当通知人民检察院移送相关证据材料

考点 审理中特殊情形的处理

74. 法院审理向某涉嫌贩卖毒品犯罪案，在宣告判决前，检察院发现向某和高某还有组织他人卖淫的犯罪。对于新发现的犯罪嫌疑人和遗漏罪行的处理，下列哪些做法是正确的？（　　）

A. 法院可以主动将高某追加为被告人一并审理

B. 检察院对于新发现的犯罪嫌疑人和遗漏的罪行，应当要求公安机关补充移送起诉或者补充侦查

C. 检察院对于犯罪事实清楚，证据确实、充分的，可以直接追加起诉遗漏的高某、补充起诉遗漏的组织卖淫罪

D. 检察院应当撤回起诉，将两名犯罪嫌疑人以两个罪名重新起诉

考点 庭审中检察院发现漏罪、漏人的处理

75. 关于审理中的特殊情形，下列处理正确的是：（　　）

A. 审判期间，公诉人发现案件需要补充侦查，建议延期审理的，合议庭可以同意，但建议延期审理不得超过2次

B. 补充侦查期限届满后，人民检察院未将补充的证据材料移送人民法院的，法院应当决

定按人民检察院撤诉处理

C. 刘某组织卖淫一案，合议庭评议后、宣判前，其中一位合议庭成员因退休不能参加宣判，法院应当依法更换合议庭组成人员，重新开庭审理

D. 辩护人擅自退庭的，被处以罚款后，具结保证书，保证服从法庭指挥、不再扰乱法庭秩序的，经法庭许可，可以继续担任辩护人

[考点] 审判程序中的特殊问题

76. 关于审理中的特殊情形，下列说法错误的是：（　　）

A. 需要通知新的证人到庭，调取新的物证，重新鉴定或者勘验的，法院可以决定延期审理

B. 自诉人患有严重疾病，无法出庭，未委托诉讼代理人出庭的，法院应当按撤诉处理

C. 有多名被告人的案件，部分被告人具有《刑事诉讼法》规定的中止情形的，人民法院应当对全案中止审理

D. 法院审理中被告人死亡的，应当裁定终止审理；但有证据证明被告人无罪，人民法院经缺席审理确认无罪的，应当依法作出判决

[考点] 终止审理、中止审理、延期审理、撤诉

77. 张三制药股份公司主要生产健骨消痛丸，公司法定代表人罗小翔指令保管员张大翔采用不登记入库、销售人员打白条领取产品的方法销售，逃避缴税65万元。张三公司及罗小翔因逃税罪被起诉到法院。关于单位犯罪的相关诉讼程序，下列说法正确的是：（　　）

A. 难以确定诉讼代表人的，可以委托本案的辩护律师向某同时作为诉讼代表人

B. 被告单位的诉讼代表人拒绝出庭的，法院可以拘传其出庭

C. 诉讼代表人可以替代单位被告人行使最后陈述权

D. 审理期间，张三公司分立成李四、王五公司，应当将分立后的新单位列为被告

[考点] 单位犯罪案件的审理

78. 下列哪些情形，法院应当说服自诉人撤回起诉；自诉人不撤回起诉的，裁定不予受理？（　　）

A. 案件不属于自诉案件范围的

B. 犯罪已过追诉时效期限的

C. 重婚案公安机关已经作出不立案决定的

D. 被害人不服人民检察院对未成年犯罪嫌疑人作出的附条件不起诉决定而起诉的

[考点] 自诉案件的受理程序

79. 刘某、高某涉嫌抢劫一案，检察院作出了不起诉决定，被害人殷某不服，向人民法院提起了刑事自诉。关于本案的审理程序，下列说法错误的是：（　　）

A. 本案双方当事人既可以和解，也可以调解

B. 本案被告人可以对自诉人殷某提起反诉

C. 殷某明知是刘某和高某二人共同犯罪，但是只对刘某起诉，人民法院应当受理，判决

宣告后殷某又对高某就同一事实提起自诉的，人民法院不予受理

D. 本案满足条件的情况下可以适用速裁程序，审理期限为 10 天

考 点 自诉案件的审理特点

80. 关于案件的和解和调解，下列哪些说法是正确的？（　　　）

A. 和解和调解都适用于告诉才处理和被害人有证据证明的轻微刑事案件

B. 公诉转自诉案件可以和解，但是公诉转自诉案件不能调解

C. 附带民事诉讼既可以调解也可以和解

D. 交通肇事案，作为公诉案件，可以和解，但是不能调解

考 点 和解、调解的案件范围

81. 下列哪些案件应当适用普通程序进行审理？（　　　）

A. 张某涉嫌盗窃罪，张某拒不认罪

B. 罗某涉嫌诈骗罪，被害人不同意适用简易程序或者速裁程序的

C. 鄂某涉嫌间谍罪，鄂某认罪认罚

D. 刘某涉嫌侵占罪，审判时未满 18 周岁

考 点 简易程序、速裁程序的适用条件和适用范围

82. 关于简易程序，下列哪些说法是正确的？（　　　）

A. 张大翔涉嫌强奸，未满 16 周岁，法院只有在征得张大翔的法定代理人和辩护人同意后，才能适用简易程序

B. 罗小翔涉嫌组织他人卖淫罪，经审理认为罗小翔可能不负刑事责任，遂转为普通程序审理

C. 殷小敏盗窃案，法院如果适用简易程序，则无需进行法庭调查和质证活动

D. 魏小新（未成年）涉嫌强制猥亵罪，如果法院决定适用简易程序，辩护人经过被告人同意，可以不出庭

考 点 简易程序的特点

83. 关于简易程序和速裁程序的特点，下列表述正确的是：（　　　）

A. 未成年人向某涉嫌盗窃一案，既可以适用简易程序，也可以适用速裁程序

B. 检察院在提起公诉时建议适用简易程序或速裁程序的，法院可以决定适用普通程序

C. 简易程序和速裁程序只能适用于基层法院的一审程序，且应当适用独任庭

D. 适用简易程序或速裁程序审理案件，应当当庭宣判

考 点 简易程序和速裁程序

84. 法院在刑事案件的审理过程中，根据对案件的不同处理需要使用判决、裁定和决定。根据有关法律规定及刑事诉讼原理，下列说法正确的是：（　　　）

A. 裁定不适用于解决案件的实体问题

B. 在一个案件中，可以有多个判决

C. 判决只有经过法定上诉、抗诉期限才能发生法律效力

D. 判决只能由人民法院作出，并且必须是书面形式

考 点 判决、裁定、决定

85. 在一审法院审理中出现下列哪一特殊情形时，应以判决的形式作出裁判？（　　）

　　A. 经审理发现犯罪已过追诉时效且不是必须追诉的

　　B. 自诉人未经法庭准许中途退庭的

　　C. 经审理发现被告人系精神病人，在不能控制自己行为时造成危害结果的

　　D. 法院审理没收违法所得案件后，作出没收违法所得的处理结果

　　考点 一审裁判的种类

答案及解析

68. 考点 公诉案件庭前审查

答案 C

解析 公诉案件庭前审查，是指人民法院对人民检察院提起公诉的案件进行庭前审查，以决定是否开庭审判的活动。根据《刑诉解释》第219条第1款的规定，人民法院对提起公诉的案件审查后，应当按照下列情形分别处理：①不属于本院管辖的，应当退回人民检察院。②属于《刑事诉讼法》第16条第2项至第6项规定情形的，应当退回人民检察院；属于告诉才处理的案件，应当同时告知被害人有权提起自诉。③被告人不在案的，应当退回人民检察院；但是，对人民检察院按照缺席审判程序提起公诉的，应当依照本解释第二十四章的规定作出处理。④不符合前条第2项至第9项规定之一，需要补充材料的，应当通知人民检察院在3日以内补送。⑤依照《刑事诉讼法》第200条第3项规定宣告被告人无罪后，人民检察院根据新的事实、证据重新起诉的，应当依法受理。⑥依照本解释第296条规定裁定准许撤诉的案件，没有新的影响定罪量刑的事实、证据，重新起诉的，应当退回人民检察院。⑦被告人真实身份不明，但符合《刑事诉讼法》第160条第2款规定的，应当依法受理。

　　选项A，魏某在起诉前已从看守所脱逃的符合上述第3项规定，应当退回检察院。选项A错误。

　　选项B，管辖错误符合上述第1项规定，应当退回检察院。选项B错误。

　　选项C，1名外地证人石某没有列明住址和通讯处的符合上述第4项规定，应当通知人民检察院在3日内补送。选项C正确。

　　选项D，根据上述条款第5项规定，应当依法受理。选项D错误。

总结归纳

　　（1）庭前审查的特点：程序性、书面审查；

　　（2）退回检察院的情形：管辖错、人不在、无新证再起诉、16条（2~6），通通退回检察院。

69. 考点 庭前会议

答案 ABCD

解析 选项A，根据《刑诉解释》第227条的规定，控辩双方可以申请人民法院召开

庭前会议，提出申请应当说明理由。人民法院经审查认为有必要的，应当召开庭前会议；决定不召开的，应当告知申请人。可知，是否召开庭前会议，最终还是由法院决定。选项 A 错误，当选。

选项 B，根据《刑诉解释》第 228 条的规定可知，庭前会议可以就是否申请排除非法证据向控辩双方了解情况，听取意见，但是否排除非法证据需要经过法庭调查后方可作出决定。选项 B 错误，当选。

选项 C，根据《刑诉解释》第 230 条的规定，庭前会议由审判长主持，合议庭其他审判员也可以主持庭前会议。召开庭前会议应当通知公诉人、辩护人到场。庭前会议准备就非法证据排除了解情况、听取意见，或者准备询问控辩双方对证据材料的意见的，应当通知被告人到场。有多名被告人的案件，可以根据情况确定参加庭前会议的被告人。可知，庭前会议只有特殊情况下才应当通知被告人参加，并非被告人的一项诉讼权利。选项 C 错误，当选。

选项 D，根据《刑诉解释》第 232 条的规定，人民法院在庭前会议中听取控辩双方对案件事实、证据材料的意见后，对明显事实不清、证据不足的案件，可以建议人民检察院补充材料或者撤回起诉。建议撤回起诉的案件，人民检察院不同意的，开庭审理后，没有新的事实和理由，一般不准许撤回起诉。可知，对明显事实不清、证据不足的案件，可以建议人民检察院补充材料或者撤回起诉，法院一般不主动建议检察院补充侦查。选项 D 错误，当选。

📝 **总结归纳**

（1）召开情形：多、大、争议。（也可依双方申请）

（2）解决事项

①了解情况，听取意见；（不作实质审理、处理）

②可能导致庭审中断的程序性事项，法院可以在庭前会议后依法作出处理，并在庭审中说明处理决定和理由。

（3）参会人员：应当通知公诉人、辩护人到场。（参加庭前会议并非被告人的基本权利）

（4）事实不清：对明显事实不清、证据不足的案件，可以建议检察院补充材料或者撤回起诉。

（5）证据问题：有异议的，应当在庭审时重点调查；无异议的，庭审时举证、质证可以简化。

70. [考点] 法庭调查

[答案] ABCD

[解析] 选项 A，根据《刑诉解释》第 240 条的规定，审判长宣布法庭调查开始后，应当先由公诉人宣读起诉书；公诉人宣读起诉书后，审判长应当询问被告人对起诉书指控的犯罪事实和罪名有无异议。有附带民事诉讼的，公诉人宣读起诉书后，由附带民事诉讼原告人或者其法定代理人、诉讼代理人宣读附带民事起诉状。可知，法庭调查阶段，公诉人宣读的是起诉书而非公诉词。选项 A 错误。

选项B，根据《刑诉解释》第242条的规定，在审判长主持下，公诉人可以就起诉书指控的犯罪事实讯问被告人。<u>经审判长准许，被害人及其法定代理人、诉讼代理人可以就公诉人讯问的犯罪事实补充发问；附带民事诉讼原告人及其法定代理人、诉讼代理人可以就附带民事部分的事实向被告人发问</u>；被告人的法定代理人、辩护人，附带民事诉讼被告人及其法定代理人、诉讼代理人可以在控诉方、附带民事诉讼原告方就某一问题讯问、发问完毕后向被告人发问。根据案件情况，就证据问题对被告人的讯问、发问可以在举证、质证环节进行。可知，附带民事诉讼原告人只能就附带民事部分的事实向被告人发问。选项B错误。

选项C，根据《刑诉解释》第259条的规定，证人出庭后，一般先向法庭陈述证言；其后，经审判长许可，<u>由申请通知证人出庭的一方发问，发问完毕后，对方也可以发问</u>。法庭依职权通知证人出庭的，发问顺序由审判长根据案件情况确定。又根据《刑诉解释》第260条的规定，鉴定人、有专门知识的人、调查人员、侦查人员或者其他人员出庭的，参照适用前两条规定。选项C错误。

选项D，根据《刑诉解释》第277条的规定，审判期间，合议庭发现被告人可能有自首、坦白、立功等法定量刑情节，而人民检察院移送的案卷中没有相关证据材料的，<u>应当通知人民检察院移送</u>。审判期间，<u>被告人提出新的立功线索的，人民法院可以建议人民检察院补充侦查</u>。可知，审判期间，合议庭发现被告人可能有自首、坦白、立功等法定量刑情节，而人民检察院移送的案卷中没有相关证据材料的，法院是应当通知人民检察院移送。选项D错误。

71. [考 点] 法庭审理规则

[答 案] BCD

[解 析] 选项A，根据《刑诉解释》第286条的规定，法庭辩论过程中，合议庭发现与定罪、量刑有关的新的事实，有必要调查的，审判长可以宣布恢复法庭调查，在对新的事实调查后，继续法庭辩论。选项A正确，不当选。

选项B，根据《刑诉解释》第288条的规定，被告人在最后陈述中提出新的事实、证据，合议庭认为可能影响正确裁判的，应当恢复法庭调查；被告人提出新的辩解理由，合议庭认为可能影响正确裁判的，应当恢复法庭辩论。可知，被告人在最后陈述中提出新的事实、证据，合议庭认为可能影响正确裁判的，应当恢复的是法庭调查。选项B错误，当选。

选项C，根据《刑诉解释》第220条的规定，对一案起诉的共同犯罪或者关联犯罪案件，被告人人数众多、案情复杂，人民法院经审查认为，<u>分案审理更有利于保障庭审质量和效率的，可以分案审理</u>。分案审理不得影响当事人质证权等诉讼权利的行使。对分案起诉的共同犯罪或者关联犯罪案件，人民法院经审查认为，合并审理更有利于查明案件事实、保障诉讼权利、准确定罪量刑的，可以并案审理。可知，法院分案审理是基于被告人人数众多、案情复杂，考虑到保障庭审质量和效率而设计的，<u>被害人人数众多并不是分案审理的原因</u>。选项C错误，当选。

选项 D，根据《刑诉解释》第289条的规定，公诉人当庭发表与起诉书不同的意见，属于变更、追加、补充或者撤回起诉的，人民法院应当要求人民检察院在指定时间内以书面方式提出；必要时，可以宣布休庭。人民检察院在指定时间内未提出的，人民法院应当根据法庭审理情况，就起诉书指控的犯罪事实依法作出判决、裁定。人民检察院变更、追加、补充起诉的，人民法院应当给予被告人及其辩护人必要的准备时间。选项 D 错误，当选。

72. [考点] 法院裁判类型

[答案] A

[解析] 根据《刑诉解释》第295条第1款的规定，对第一审公诉案件，人民法院审理后，应当按照下列情形分别作出判决、裁定：①起诉指控的事实清楚，证据确实、充分，依据法律认定指控被告人的罪名成立的，应当作出有罪判决。②起诉指控的事实清楚，证据确实、充分，但指控的罪名不当的，应当依据法律和审理认定的事实作出有罪判决。③案件事实清楚，证据确实、充分，依据法律认定被告人无罪的，应当判决宣告被告人无罪。④证据不足，不能认定被告人有罪的，应当以证据不足、指控的犯罪不能成立，判决宣告被告人无罪。⑤案件部分事实清楚，证据确实、充分的，应当作出有罪或者无罪的判决；对事实不清、证据不足部分，不予认定。⑥被告人因未达到刑事责任年龄，不予刑事处罚的，应当判决宣告被告人不负刑事责任。⑦被告人是精神病人，在不能辨认或者不能控制自己行为时造成危害结果，不予刑事处罚的，应当判决宣告被告人不负刑事责任；被告人符合强制医疗条件的，应当依照本解释第二十六章的规定进行审理并作出判决。⑧犯罪已过追诉时效期限且不是必须追诉，或者经特赦令免除刑罚的，应当裁定终止审理。⑨属于告诉才处理的案件，应当裁定终止审理，并告知被害人有权提起自诉。⑩被告人死亡的，应当裁定终止审理；但有证据证明被告人无罪，经缺席审理确认无罪的，应当判决宣告被告人无罪。

选项 A，符合上述第1款第2项的规定。选项 A 正确。

选项 B，根据上述第1款第5项的规定，案件部分事实清楚，证据确实、充分的，应当作出有罪或者无罪的判决；对事实不清、证据不足部分，不予认定。选项 B 错误。

选项 C，根据上述第1款第6项的规定，被告人因不满16周岁，不予刑事处罚的，应当判决宣告被告人不负刑事责任。选项 C 错误。

选项 D，根据上述第1款第10项的规定，被告人死亡的，应当裁定终止审理；根据已查明的案件事实和认定的证据，能够确认无罪的，应当判决宣告被告人无罪。选项 D 错误。

📝 **总结归纳**

有罪判决	(1) 事实清楚，证据确实、充分；[指控 A 罪—（同一事实）法院认定 A 罪—判决 A 罪]
	(2) 事实清楚，证据确实、充分。[指控 A 罪—（同一事实）法院认定 B 罪—判决 B 罪]

无罪判决	(1) 事实清楚，证据确实、充分，证明被告人无罪；（确定无罪） (2) 证据不足，不能认定被告人有罪的。（疑罪从无）
不负刑责 （确定干了）	(1) 被告人因不达刑事责任年龄；（犯罪时） (2) 被告人是精神病人。（犯罪时）

73. [考 点] 审理中特殊情形的处理

[答 案] A

[解 析] 选项 A，根据《刑诉解释》第 295 条第 1 款第 2 项的规定，起诉指控的事实清楚，证据确实、充分，指控的罪名与审理认定的罪名不一致的，应当按照审理认定的罪名作出有罪判决。选项 A 正确。

选项 B，根据《刑诉解释》第 297 条第 1 款的规定，审判期间，人民法院发现新的事实，可能影响定罪量刑的，或者需要补查补证的，应当通知人民检察院，由其决定是否补充、变更、追加起诉或者补充侦查。选项 B 错误。

选项 C，根据《刑事诉讼法》第 16 条的规定，有下列情形之一的，不追究刑事责任，已经追究的，应当撤销案件，或者不起诉，或者终止审理，或者宣告无罪：①情节显著轻微、危害不大，不认为是犯罪的；②犯罪已过追诉时效期限的；③经特赦令免除刑罚的；④依照刑法告诉才处理的犯罪，没有告诉或者撤回告诉的；⑤犯罪嫌疑人、被告人死亡的；⑥其他法律规定免予追究刑事责任的。又根据《刑法》第 270 条第 3 款的规定，侵占罪，告诉的才处理。可知，在审判阶段发现本案属于告诉才处理的犯罪，没有告诉的，应当裁定终止审理。选项 C 错误。

选项 D，根据《刑诉解释》第 277 条的规定，审判期间，合议庭发现被告人可能有自首、坦白、立功等法定量刑情节，而人民检察院移送的案卷中没有相关证据材料的，应当通知人民检察院移送。审判期间，被告人提出新的立功线索的，人民法院可以建议人民检察院补充侦查。可知，审判期间，合议庭发现被告人可能有自首、坦白、立功等法定量刑情节，而人民检察院移送的案卷中没有相关证据材料的，法院应当通知人民检察院移送。如果是被告人提出新的立功线索的，人民法院可以建议人民检察院补充侦查。选项 D 错误。

✎ **总结归纳**

发现新事实	法　院	法院发现新的事实，可能影响定罪的，应当通知检察院，由其决定是否补充、变更、追加起诉或补充侦查。检察院不同意，法院应当就起诉指控的事实，依法作出裁判。
发现新事实	检察院	(1) 变更起诉：身份或事实与指控不符，或罪名适用法律与起诉书不一致，可变更起诉。 (2) 漏罪漏人：应当要求公安补充移送起诉或补充侦查；对于犯罪事实清楚，证据确实、充分的，可以直接追加、补充起诉。

自首、坦白 立功相关	（1）通知移送：有自首、坦白、立功等情节，证据未移送，"应当通知"人民检察院移送； （2）补充侦查：审理中，被告人提出新的立功线索的，人民法院"可以"建议人民检察院补充侦查。

74. [考 点] 庭审中检察院发现漏罪、漏人的处理

[答 案] BC

[解 析] 选项 A，法院作为消极中立的裁判者，遵循不告不理原则，不能主动将高某追加为被告人一并审理。根据《刑诉解释》第 297 条的规定，审判期间，人民法院发现新的事实，可能影响定罪量刑的，或者需要补查补证的，应当通知人民检察院，由其决定是否补充、变更、追加起诉或者补充侦查。人民检察院不同意或者在指定时间内未回复书面意见的，人民法院应当就起诉指控的事实，依照本解释第 295 条的规定作出判决、裁定。选项 A 错误。

选项 BC，《高检规则》第 423 条规定，人民法院宣告判决前，人民检察院发现被告人的真实身份或者犯罪事实与起诉书中叙述的身份或者指控犯罪事实不符的，或者事实、证据没有变化，但罪名、适用法律与起诉书不一致的，可以变更起诉。发现遗漏同案犯罪嫌疑人或者罪行的，应当要求公安机关补充移送起诉或者补充侦查；对于犯罪事实清楚，证据确实、充分的，可以直接追加、补充起诉。因此，选项 BC 正确。

选项 D，根据《高检规则》第 424 条第 1 款的规定，人民法院宣告判决前，人民检察院发现具有下列情形之一的，经检察长批准，可以撤回起诉：①不存在犯罪事实的；②犯罪事实并非被告人所为的；③情节显著轻微、危害不大，不认为是犯罪的；④证据不足或证据发生变化，不符合起诉条件的；⑤被告人因未达到刑事责任年龄，不负刑事责任的；⑥法律、司法解释发生变化导致不应当追究被告人刑事责任的；⑦其他不应当追究被告人刑事责任的。本题并不属于可以撤诉的情形。选项 D 错误。

✎ **总结归纳**

　（1）补充起诉：漏罪了；

　（2）追加起诉：漏人了；

　（3）变更起诉：搞错了；

　（4）撤回起诉：无罪责。

75. [考 点] 审判程序中的特殊问题

[答 案] A

[解 析] 选项 A，根据《刑诉解释》第 274 条第 1 款的规定，审判期间，公诉人发现案件需要补充侦查，建议延期审理的，合议庭可以同意，但建议延期审理不得超过 2 次。选项 A 正确。

选项 B，根据《刑诉解释》第 274 条第 3 款的规定，补充侦查期限届满后，<u>人民检察院未将补充的证据材料移送人民法院的，人民法院可以根据在案证据作出判决、裁定</u>。选项 B 错误。

选项 C，根据《刑诉解释》第 301 条的规定，<u>庭审结束后、评议前</u>，部分合议庭成员不能继续履行审判职责的，人民法院应当依法更换合议庭组成人员，<u>重新开庭审理</u>。评议后、宣判前，部分合议庭成员因调动、退休等正常原因不能参加宣判，在不改变原评议结论的情况下，可以由审判本案的其他审判员宣判，裁判文书上仍署审判本案的合议庭成员的姓名。本案是评议后、宣判前，合议庭成员因退休不能参加宣判，在不改变原评议结论的情况下，可以由审判本案的其他审判员宣判，裁判文书上仍署审判本案的合议庭成员的姓名。选项 C 错误。

选项 D，根据《刑诉解释》第 310 条第 2 款的规定，辩护人、诉讼代理人被责令退出法庭、强行带出法庭或者被处以罚款后，<u>具结保证书，保证服从法庭指挥、不再扰乱法庭秩序的，经法庭许可，可以继续担任辩护人、诉讼代理人</u>。又根据《刑诉解释》第 310 条第 3 款的规定，辩护人、诉讼代理人具有下列情形之一的，不得继续担任同一案件的辩护人、诉讼代理人：①擅自退庭的；②无正当理由不出庭或者不按时出庭，严重影响审判顺利进行的；③被拘留或者具结保证书后<u>再次</u>被责令退出法庭、强行带出法庭的。可知，辩护人擅自退庭的，不得继续担任同一案件的辩护人。选项 D 错误。

76. [考点] 终止审理、中止审理、延期审理、撤诉

[答案] BC

[解析] 选项 A，根据《刑事诉讼法》第 204 条的规定，在法庭审判过程中，遇有下列情形之一，影响审判进行的，可以延期审理：①需要通知新的证人到庭，调取新的物证，重新鉴定或者勘验的；②检察人员发现提起公诉的案件需要补充侦查，提出建议的；③由于申请回避而不能进行审判的。选项 A 正确，不当选。

选项 B，根据《刑事诉讼法》第 206 条第 1 款的规定，在审判过程中，有下列情形之一，致使案件在较长时间内无法继续审理的，可以中止审理：①被告人患有严重疾病，无法出庭的；②被告人脱逃的；③自诉人患有严重疾病，无法出庭，未委托诉讼代理人出庭的；④由于不能抗拒的原因。选项 B 错误，当选。

选项 C，根据《刑诉解释》第 314 条的规定，有多名被告人的案件，部分被告人具有《刑事诉讼法》第 206 条第 1 款规定情形的，人民法院可以对全案中止审理；根据案件情况，也可以对该部分被告人中止审理，对其他被告人继续审理。对中止审理的部分被告人，可以根据案件情况另案处理。选项 C 错误，当选。

选项 D，根据《刑事诉讼法》第 297 条第 1 款的规定，被告人死亡的，人民法院应当裁定终止审理，但有证据证明被告人无罪，人民法院经缺席审理确认无罪的，应当依法作出判决。选项 D 正确，不当选。

📝 **总结归纳**

延期、中止、终止审理

决定延期审理	新证、补侦、回避；法院决定延期审。
裁定中止审理	他跑、他"病"耐心等，法院裁定中止审。（不计入审限）
裁定终止审理	过时效、特赦、告诉和死掉，法院裁定终止审。

77. [考 点] 单位犯罪案件的审理

[答 案] C

[解 析] 选项A，根据《刑诉解释》第336条的规定，被告单位的诉讼代表人，应当是法定代表人、实际控制人或者主要负责人；法定代表人、实际控制人或者主要负责人被指控为单位犯罪直接责任人员或者因客观原因无法出庭的，应当由被告单位委托其他负责人或者职工作为诉讼代表人。但是，有关人员被指控为单位犯罪直接责任人员或者知道案件情况、负有作证义务的除外。依据前款规定难以确定诉讼代表人的，可以由被告单位委托律师等单位以外的人员作为诉讼代表人。诉讼代表人不得同时担任被告单位或者被指控为单位犯罪直接责任人员的有关人员的辩护人。选项A错误。

选项B，根据《刑诉解释》第337条第2款的规定，被告单位的诉讼代表人不出庭的，应当按照下列情形分别处理：①诉讼代表人系被告单位的法定代表人、实际控制人或者主要负责人，无正当理由拒不出庭的，可以拘传其到庭；因客观原因无法出庭，或者下落不明的，应当要求人民检察院另行确定诉讼代表人。②诉讼代表人系其他人员的，应当要求人民检察院另行确定诉讼代表人。可知，只有诉讼代表人系被告单位的法定代表人、实际控制人或者主要负责人，无正当理由拒不出庭的，才可以拘传其到庭。选项B错误。

选项C，根据《刑诉解释》第338条的规定，被告单位的诉讼代表人享有刑事诉讼法规定的有关被告人的诉讼权利。开庭时，诉讼代表人席位置于审判台前左侧，与辩护人席并列。选项C正确。

选项D，根据《刑诉解释》第345条的规定，审判期间，被告单位合并、分立的，应当将原单位列为被告单位，并注明合并、分立情况。对被告单位所判处的罚金以其在新单位的财产及收益为限。选项D错误。

📝 **总结归纳**

单位犯罪的特殊程序

单位被告人的诉讼代表人	（1）谁当诉讼代表人：首选老大；不然其他；最后编外。（律师不能同时担任诉讼代表人和本案辩护人） （2）代表人不出庭的：老大拒绝可拘传，其他不来只能换。
代表人权限	被告单位的诉讼代表人的权利＝被告人本人的诉讼权利。
单位财产处理	（1）违法的：应当决定追缴或者查封、扣押、冻结； （2）合法的：可以先行查封、扣押、冻结或者由被告单位提出担保。

被告单位 注销、变更 的处理	单位没了	(1) 尚未完成清算、注销登记的，应当继续审理；（没死透） (2) 被撤销、注销的，对直接负责的主管人员和其他直接责任人员应当继续审理。（死透了）
	单位变了	审判期间，被告单位合并、分立的，应当将原单位列为被告单位。

78. [考点] 自诉案件的受理程序

[答案] ABD

[解析] 根据《刑诉解释》第320条第2款的规定，具有下列情形之一的，应当说服自诉人撤回起诉；自诉人不撤回起诉的，裁定不予受理：①不属于本解释第1条规定的案件的；②缺乏罪证的；③犯罪已过追诉时效期限的；④被告人死亡的；⑤被告人下落不明的；⑥除因证据不足而撤诉的以外，自诉人撤诉后，就同一事实又告诉的；⑦经人民法院调解结案后，自诉人反悔，就同一事实再行告诉的；⑧属于本解释第1条第2项规定的案件，公安机关正在立案侦查或者人民检察院正在审查起诉的；⑨不服人民检察院对未成年犯罪嫌疑人作出的附条件不起诉决定或者附条件不起诉考验期满后作出的不起诉决定，向人民法院起诉的。

选项A，根据《刑诉解释》第320条第2款第1项的规定，当选。

选项B，根据《刑诉解释》第320条第2款第3项的规定，当选。

选项C，根据《刑诉解释》第320条第2款第8项的规定，如果重婚案公安机关正在立案侦查或者人民检察院正在审查起诉的，那么法院不予受理，可是本案是公安机关已经作出不立案决定，所以法院应当受理。选项C应当受理，不当选。

选项D，根据《刑诉解释》第320条第2款第9项的规定，当选。

79. [考点] 自诉案件的审理特点

[答案] ABD

[解析] 选项A，根据《刑事诉讼法》第212条第1款的规定，人民法院对自诉案件，可以进行调解；自诉人在宣告判决前，可以同被告人自行和解或者撤回自诉。本法第210条第3项规定的案件不适用调解。可知，本案属于公诉转自诉案件，可以和解但是不能调解。选项A错误，当选。

选项B，根据《刑诉解释》第334条的规定，告诉才处理和被害人有证据证明的轻微刑事案件的被告人或者其法定代理人在诉讼过程中，可以对自诉人提起反诉。可知，公诉转自诉案件不适用反诉。选项B错误，当选。

选项C，根据《刑诉解释》第323条第1款的规定，自诉人明知有其他共同侵害人，但只对部分侵害人提起自诉的，人民法院应当受理，并告知其放弃告诉的法律后果；自诉人放弃告诉，判决宣告后又对其他共同侵害人就同一事实提起自诉的，人民法院不予受理。选项C正确，不当选。

选项D，根据《刑诉解释》第327条的规定，自诉案件符合简易程序适用条件的，可以适用简易程序审理。不适用简易程序审理的自诉案件，参照适用公诉案件第一审普通程序的有关规定。可知，自诉案件要么适用简易程序，要么适用普通程序，不能适用速裁程序。另外，根据《刑事诉讼法》第 212 条第 2 款的规定，人民法院审理自诉案件的期限，被告人被羁押的，适用《刑事诉讼法》第 208 条第 1 款、第 2 款的规定；未被羁押的，应当在受理后 6 个月以内宣判。选项 D 错误，当选。

📝 **总结归纳**

自诉案件的特点：

（1）可以调解；（公转自除外）

（2）可以反诉；（公转自除外）

（3）可以适用简易程序；（不能速裁）

（4）可以和解与撤诉；

（5）审理期限比较特殊；（未羁押的 6 个月/已羁押的 2+1+3+X）

（6）自诉案件的可分性。（不可反悔）

80. [考 点] 和解、调解的案件范围

[答 案] ABCD

[解 析] 选项 AB，根据《刑事诉讼法》第 212 条第 1 款的规定，人民法院对自诉案件，可以进行调解；自诉人在宣告判决前，可以同被告人自行和解或者撤回自诉。《刑事诉讼法》第 210 条第 3 项规定的案件不适用调解。可知，所有自诉案件都可以和解和撤诉，但是只有前两类自诉案件可以调解，公诉转自诉案件不能调解。选项 A 正确。调解并非适用于所有的自诉案件，公诉转自诉案件不能调解。选项 B 正确。

选项 C，附带民事诉讼本质上就是民事诉讼，民事诉讼既可以调解也可以和解。选项 C 正确。

选项 D，根据《刑事诉讼法》第 288 条第 1 款的规定，下列公诉案件，犯罪嫌疑人、被告人真诚悔罪，通过向被害人赔偿损失、赔礼道歉等方式获得被害人谅解，被害人自愿和解的，双方当事人可以和解：①因民间纠纷引起，涉嫌刑法分则第四章、第五章规定的犯罪案件，可能判处 3 年有期徒刑以下刑罚的；②除渎职犯罪以外的可能判处 7 年有期徒刑以下刑罚的过失犯罪案件。可知，交通肇事案，作为过失犯罪可以适用公诉和解程序。选项 D 正确。

81. [考 点] 简易程序、速裁程序的适用条件和适用范围

[答 案] AC

[解 析] 本题考查的是应当适用普通程序的情形，其实就是问同时被简易程序和速裁程序禁止的情形。

根据《刑事诉讼法》第 214 条的规定，基层人民法院管辖的案件，符合下列条件的，可以适用简易程序审判：①案件事实清楚、证据充分的；②被告人承认自己所犯罪行，对指控的犯罪事实没有异议的；③被告人对适用简易程序没有异议的。人民检察院在提起公诉的时候，可以建议人民法院适用简易程序。又根据《刑诉解释》第 360 条的规定，具有下列情形之一的，不适用简易程序：①被告人是盲、聋、

哑人的；②被告人是尚未完全丧失辨认或者控制自己行为能力的精神病人的；③案件有重大社会影响的；④共同犯罪案件中部分被告人不认罪或者对适用简易程序有异议的；⑤辩护人作无罪辩护的；⑥被告人认罪但经审查认为可能不构成犯罪的；⑦不宜适用简易程序审理的其他情形。

根据《刑事诉讼法》第222条的规定，基层人民法院管辖的可能判处3年有期徒刑以下刑罚的案件，案件事实清楚，证据确实、充分，被告人认罪认罚并同意适用速裁程序的，可以适用速裁程序，由审判员一人独任审判。人民检察院在提起公诉的时候，可以建议人民法院适用速裁程序。又根据《刑诉解释》第370条的规定，具有下列情形之一的，不适用速裁程序：①被告人是盲、聋、哑人的；②被告人是尚未完全丧失辨认或者控制自己行为能力的精神病人的；③被告人是未成年人的；④案件有重大社会影响的；⑤共同犯罪案件中部分被告人对指控的犯罪事实、罪名、量刑建议或者适用速裁程序有异议的；⑥被告人与被害人或者其法定代理人没有就附带民事诉讼赔偿等事项达成调解、和解协议的；⑦辩护人作无罪辩护的；⑧其他不宜适用速裁程序的情形。

选项A，不管是简易程序还是速裁程序都要求被告人认罪，选项中张某不认罪，本案既不能用简易程序也不能用速裁程序。选项A当选。

选项B，被害人不同意适用简易程序或者速裁程序的，并不构成禁止适用简易程序、速裁程序的理由。选项B可能适用简易程序或速裁程序。选项B不当选。

选项C，间谍罪属于中院管辖的案件，而简易程序或者速裁程序都只能在基层法院适用。选项C当选。

选项D，被告人审判时未满18周岁，只是禁止适用速裁程序，并不禁止适用简易程序。选项D不当选。

✍ 总结归纳

简易程序、速裁程序的条件和范围

简易程序	(1) 积极条件：清楚、认罪、同意；（被告人未成年：本人、法代、辩护人都要同意）（不用被害人同意） (2) 消极范围：盲聋哑、半疯傻、影响大、无罪啊； (3) 简易转普：无罪、无责、否认、不清。
速裁程序	(1) 适用条件：轻微、清楚、认罪、同意；（要被告人认罪、同意，而不是被害人以及检察院同意） (2) 禁止范围：幼、聋、傻、影响大、共犯异议、民未达、无罪辩护或其他； (3) 程序转化：无罪、无责、违意愿、否认、疑难、争议大。

82. [考点] 简易程序的特点

[答案] AB

[解析] 选项A，根据《刑诉解释》第566条的规定，对未成年人刑事案件，人民法院决定适用简易程序审理的，应当征求未成年被告人及其法定代理人、辩护人的意见。

上述人员提出异议的，不适用简易程序。可知，被告人是未成年人的刑事案件，他的法定代理人、辩护人同意是适用简易程序必须满足的条件。选项 A 正确。

选项 B，根据《刑诉解释》第 368 条的规定，适用简易程序审理案件，在法庭审理过程中，有下列情形之一的，应当转为普通程序审理：①被告人的行为可能不构成犯罪的；②被告人可能不负刑事责任的；③被告人当庭对起诉指控的犯罪事实予以否认的；④案件事实不清、证据不足的；⑤不应当或者不宜适用简易程序的其他情形。转为普通程序审理的案件，审理期限应当从决定转为普通程序之日起计算。本案由于罗小翔可能不负刑事责任，法院应当将简易程序转为普通程序。选项 B 正确。

选项 C，根据《刑诉解释》第 365 条的规定，适用简易程序审理案件，可以对庭审作如下简化：①公诉人可以摘要宣读起诉书。②公诉人、辩护人、审判人员对被告人的讯问、发问可以简化或者省略。③对控辩双方无异议的证据，可以仅就证据的名称及所证明的事项作出说明；对控辩双方有异议，或者法庭认为有必要调查核实的证据，应当出示，并进行质证。④控辩双方对与定罪量刑有关的事实、证据没有异议的，法庭审理可以直接围绕罪名确定和量刑问题进行。适用简易程序审理案件，判决宣告前应当听取被告人的最后陈述。可知，即使在简易程序中，对控辩双方有异议，或者法庭认为有必要调查核实的证据，也应当出示，并进行质证。选项 C 错误。

选项 D，根据《刑诉解释》第 225 条第 2 款的规定，辩护人经通知未到庭，被告人同意的，人民法院可以开庭审理，但被告人属于应当提供法律援助情形的除外。由于本案魏小新是未成年人，属于应当提供法律援助的情形，辩护人必须出庭。选项 D 错误。

83. [考点] 简易程序和速裁程序

[答案] B

[解析] 选项 A，根据《刑诉解释》第 360 条的规定，具有下列情形之一的，不适用简易程序：①被告人是盲、聋、哑人的；②被告人是尚未完全丧失辨认或者控制自己行为能力的精神病人的；③案件有重大社会影响的；④共同犯罪案件中部分被告人不认罪或者对适用简易程序有异议的；⑤辩护人作无罪辩护的；⑥被告人认罪但经审查认为可能不构成犯罪的；⑦不宜适用简易程序审理的其他情形。可知，未成年人并不在简易程序的禁止范围。根据《刑诉解释》第 370 条的规定，具有下列情形之一的，不适用速裁程序：①被告人是盲、聋、哑人的；②被告人是尚未完全丧失辨认或者控制自己行为能力的精神病人的；③被告人是未成年人的；④案件有重大社会影响的；⑤共同犯罪案件中部分被告人对指控的犯罪事实、罪名、量刑建议或者适用速裁程序有异议的；⑥被告人与被害人或者其法定代理人没有就附带民事诉讼赔偿等事项达成调解、和解协议的；⑦辩护人作无罪辩护的；⑧其他不宜适用速裁程序的情形。可知，被告人是未成年人的不得适用速裁程序。选项 A 错误。

选项 B，检察院只是建议法院适用简易程序或速裁程序，最终是否适用简易程序或速裁程序应当由法院决定。选项 B 正确。

选项 C，根据《刑事诉讼法》第 222 条第 1 款的规定，基层人民法院管辖的可能判处 3 年有期徒刑以下刑罚的案件, 案件事实清楚, 证据确实、充分, 被告人认罪认罚并同意适用速裁程序的, 可以适用速裁程序, 由审判员一人独任审判。根据《刑事诉讼法》第 216 条第 1 款的规定, 适用简易程序审理案件, 对可能判处 3 年有期徒刑以下刑罚的, 可以组成合议庭进行审判, 也可以由审判员一人独任审判; 对可能判处的有期徒刑超过 3 年的, 应当组成合议庭进行审判。可知, 简易程序可能适用合议庭, 速裁程序必须适用独任庭。选项 C 错误。

选项 D, 根据《刑诉解释》第 367 条第 2 款的规定, 适用简易程序审理案件, 一般应当当庭宣判。根据《刑诉解释》第 374 条第 2 款的规定, 适用速裁程序审理案件, 应当当庭宣判。选项 D 错误。

✎ 总结归纳

简易特点	(1) 只适用于一审、基层法院; (2) 审判组织特殊; (3 年以下可独任可合议/超出 3 年必须合议) (3) 不受送达期限的限制; (4) 法庭审理程序简便; (最后陈述不能省) (5) 一般当庭判; (6) 审理期限较短。(3 年以下 20 日, 超出 3 年一个半月)
速裁特点	(1) 只适用于一审、基层法院。 (2) 1 人独任。(不同简易程序) (3) 不受送达期限的限制。 (4) 一般不进行法庭调查、法庭辩论。(不同简易程序) (5) 应当当庭宣判。(不同简易程序) (6) 10 日以内审结; 超过 1 年的, 延长至 15 日。(不同简易程序)

84. [考点] 判决、裁定、决定

[答案] BD

[解析] 选项 A, 裁定是人民法院在审理案件或者判决执行过程中对有关诉讼程序和部分实体问题所作的一种处理。人民法院用裁定处理的刑事程序问题主要有: 诉讼期限的延展、中止审理、维持原判或者发回重新审判、驳回起诉、核准死刑等。人民法院用裁定处理的实体问题主要针对执行中的诉讼, 如减刑、假释等。裁定书是裁定的书面形式, 其格式、写法和署名, 与判决书基本相同, 只是内容相对简单。选项 A 错误。

选项 B, 一个案件中, 发生法律效力并被执行的判决只有一个, 即终审判决, 但由于实行两审终审制, 经历过两级审理的案件可以存在两个判决, 即一审判决和二审判决。选项 B 正确。

选项 C, 判决并非都要经过法定上诉、抗诉期限才能发生法律效力, 比如最高人民法院的一审判决。选项 C 错误。

选项 D, 判决是法院就案件的实体问题所作的处理。我国刑事案件的判决, 是人民法院经过法庭审理, 根据已经查明的事实、证据和有关的法律规定, 就被告人是

否犯罪、犯了什么罪、应否处以刑罚和处以什么刑罚的问题所作的一种结论。判决必须以书面形式作出。选项 D 正确。

✎ **总结归纳**

　　裁定好比墙头草，实体程序都能搞；公检只能作决定，判决裁定法院行；判决只能书面出，生效判决要唯一；决定作出就生效，不能上诉不能抗。

85. [考点] 一审裁判的种类

[答案] C

[解析] 根据《刑诉解释》第 295 条第 1 款的规定，对第一审公诉案件，人民法院审理后，应当按照下列情形分别作出判决、裁定：①起诉指控的事实清楚，证据确实、充分，依据法律认定指控被告人的罪名成立的，应当作出有罪判决。②起诉指控的事实清楚，证据确实、充分，但指控的罪名不当的，应当依据法律和审理认定的事实作出有罪判决。③案件事实清楚，证据确实、充分，依据法律认定被告人无罪的，应当判决宣告被告人无罪。④证据不足，不能认定被告人有罪的，应当以证据不足、指控的犯罪不能成立，判决宣告被告人无罪。⑤案件部分事实清楚，证据确实、充分的，应当作出有罪或者无罪的判决；对事实不清、证据不足部分，不予认定。⑥被告人因未达到刑事责任年龄，不予刑事处罚的，应当判决宣告被告人不负刑事责任。⑦被告人是精神病人，在不能辨认或者不能控制自己行为时造成危害结果，不予刑事处罚的，应当判决宣告被告人不负刑事责任；被告人符合强制医疗条件的，应当依照本解释第二十六章的规定进行审理并作出判决。⑧犯罪已过追诉时效期限且不是必须追诉，或者经特赦令免除刑罚的，应当裁定终止审理。⑨属于告诉才处理的案件，应当裁定终止审理，并告知被害人有权提起自诉。⑩被告人死亡的，应当裁定终止审理；但有证据证明被告人无罪，经缺席审理确认无罪的，应当判决宣告被告人无罪。

　　选项 A，属于上述条文第 8 项规定的情形，犯罪已过追诉时效期限，且不是必须追诉或者经特赦令免除刑罚的，应当裁定终止审理。选项 A 不当选。

　　选项 B，根据《刑诉解释》第 331 条第 1 款的规定，自诉人经 2 次传唤，无正当理由拒不到庭，或者未经法庭准许中途退庭的，人民法院应当裁定按撤诉处理。选项 B 不当选。

　　选项 C，属于上述条文第 7 项规定的情形，因被告人是精神病人，在不能辨认或者不能控制自己行为的时候造成危害后果，不予刑事处罚的，应当判决被告人不负刑事责任。选项 C 当选。

　　选项 D，根据《刑事诉讼法》第 300 条第 1 款的规定，人民法院经审理，对经查证属于违法所得及其他涉案财产，除依法返还被害人的以外，应当裁定予以没收；对不属于应当追缴的财产的，应当裁定驳回申请，解除查封、扣押、冻结措施。可知，没收程序中法院用裁定方式结案。选项 D 不当选。

第16讲 第二审程序

86. 王某与张某发生口角，王某一怒之下顺手将李某放在桌子上的手机砸向张某，致张某轻伤。如张某提起自诉，对本案刑事部分判决有权上诉的是：（　　）

  A. 王某

  B. 张某

  C. 李某

  D. 提起公诉的检察院

  [考点] 上诉、抗诉

87. 刘某因强奸罪被Z县法院判处有期徒刑8年。5月10日，一审判决宣告后，刘某以量刑过重为由提出上诉，检察院以量刑过轻为由提出抗诉。5月15日，检察院要求撤回抗诉，5月25日，刘某要求撤回上诉。二审法院应当如何处理？（　　）

  A. 应当准许刘某撤回上诉

  B. 对上诉案件进行审查，认为原判确有错误的，应当不予准许刘某撤回上诉，继续按照上诉案件审理

  C. 认为原判存在将无罪判为有罪、轻罪重判等情形的，应当不予准许检察院撤回抗诉，继续审理

  D. 如果二审法院准许撤回上诉和抗诉，一审判决自上诉、抗诉期满后生效

  [考点] 上诉、抗诉的撤回

88. 甲、乙涉嫌共同抢夺。经审理，一审法院判处甲有期徒刑3年、乙有期徒刑2年。甲上诉，乙服判。关于本案的二审程序，下列哪一说法是正确的？（　　）

  A. 二审法院仅就甲的量刑问题进行审查

  B. 乙应当出庭

  C. 乙可以参加法庭调查

  D. 如果二审程序中甲死亡，则全案终止审理

  [考点] 全面审查原则

89. 下列案件的处理，哪些违反了上诉不加刑原则？（　　）

  A. 朱某自诉陈某犯诽谤罪，陈某反诉朱某犯侮辱罪。法院合并审理此案，判处陈某有期徒刑1年、朱某有期徒刑1年。两人不服，均以对自己量刑过重为由提出上诉。二审

法院认为对两人量刑均过轻，同时改判两人有期徒刑 2 年

B. 某法院判决赵某犯诈骗罪处有期徒刑 4 年，犯盗窃罪处有期徒刑 9 年，合并执行有期徒刑 11 年。赵某提出上诉。二审法院经审理认为，本案判处刑罚不当，犯诈骗罪应处有期徒刑 5 年，犯盗窃罪应处有期徒刑 8 年，直接改判两罪刑罚，分别为有期徒刑 5 年和 8 年，合并执行仍为有期徒刑 11 年

C. 一审法院判决被告人牛鹏飞犯盗窃罪，处有期徒刑 12 年。牛鹏飞不服上诉，检察院未抗诉。二审法院将一审认定的盗窃罪改判为抢劫罪，仍维持有期徒刑 12 年的刑罚

D. 一审法院以抢劫罪判处金某死刑缓期二年执行、王某无期徒刑。金某、王某以没有实施犯罪为由提起上诉，检察院认为对金某量刑畸轻，提出抗诉。二审法院经审理认为一审对金某、王某量刑均偏轻，但仅对金某改判为死缓限制减刑

[考点] 上诉不加刑原则

90. 2018 年 11 月 20 日，大连市中级法院一审以走私毒品罪判处罗伯特有期徒刑 15 年，并处没收个人财产人民币 15 万元，驱逐出境。罗伯特不服上诉，检察院未抗诉。12 月 29 日，辽宁省高级法院依法公开审理本案，辽宁省检察院出庭检察员认为一审判决认定罗伯特为从犯且犯罪未遂并从轻处罚明显不当。关于本案的二审程序，下列说法正确的是：（   ）

A. 二审法院如果认为一审处罚明显不当，可以直接改判罗伯特死刑

B. 二审法院如果认为案件事实不清、证据不足，可以裁定撤销原判、发回重审

C. 发回重审后，大连市中级法院如果在审理中发现了新的犯罪事实，可以直接加重处罚，判决罗伯特死刑立即执行

D. 重审后，如果检察院抗诉，二审法院可以改判罗伯特死刑立即执行

[考点] 上诉不加刑原则、二审程序

91. 甲、乙二人共同实施故意杀人行为，一审法院判处甲死刑缓期二年执行、乙无期徒刑。甲以量刑过重为由上诉，乙未上诉。检察院认为乙的量刑过轻，提出抗诉。关于本案的二审程序，下列哪一说法是正确的？（   ）

A. 二审应当开庭审理

B. 提出抗诉的检察院应当派员出庭支持抗诉

C. 二审法院应当在决定开庭审理后及时通知检察院查阅案卷。检察院应当在 1 个月以内查阅完毕。检察院查阅案卷的时间计入审理期限

D. 二审法院可以改判甲为死缓并限制减刑

[考点] 二审程序

92. 关于特殊案件的二审程序，下列说法正确的是：（   ）

A. 自诉案件，在二审中提起反诉的，法院应当告知其另行起诉

B. 自诉案件，在二审中和解撤诉的，由法院裁定准许撤回自诉，并撤销一审判决或者裁定

C. 对附带民事部分提出上诉、抗诉，刑事部分已经发生法律效力的案件，如果发现刑事部分确有错误，应当对刑事部分按照审判监督程序进行再审，并将附带民事部分与刑

事部分一并审理

D. 附带民事诉讼二审增加独立诉讼请求的，二审法院可以根据当事人自愿的原则就新增加的诉讼请求进行调解；调解不成的，告知当事人另行起诉

[考 点] 特殊案件的二审程序

93. 二审法院对被告人不服一审判决的上诉案件，经过审理后作出的下列处理，错误的是：（　　）

A. 原判决认定事实和适用法律正确、量刑适当的，应当判决驳回上诉，维持原判

B. 原判决事实不清或者证据不足的，应当裁定撤销原判，发回原审法院重新审判

C. 原判决认定事实没有错误，但量刑过轻的，应当改判

D. 二审法院发回重审的案件，被告人提出上诉的，二审法院应当依法作出判决或者裁定，不得再发回原审法院重新审判

[考 点] 二审法院的处理结果

94. 罗某因涉嫌爆炸罪被检察机关提起公诉。某市中级法院经审理认为，罗某的犯罪行为虽然使公私财物遭受了重大损失，也没有法定减轻处罚情节，但根据案件特殊情况，可以在法定刑以下判处刑罚，于是判处罗某有期徒刑8年。罗某在法定期间内没有提出上诉，检察机关也没有提出抗诉。该案在程序上应当如何处理？（　　）

A. 在上诉、抗诉期满后3日内报请上一级法院复核

B. 如果上一级法院同意原判，应当逐级报请最高法院核准

C. 如果上一级法院不同意在法定刑以下判处刑罚，应当裁定发回重新审判，或者改变管辖，按照一审程序重新审理

D. 最高法院不予核准的，可以直接予以改判

[考 点] 在法定刑以下判处刑罚的核准程序

答案及解析

86. [考 点] 上诉、抗诉

[答 案] AB

[解 析] 选项AB，根据《刑事诉讼法》第227条第1款的规定，被告人、自诉人和他们的法定代理人，不服地方各级人民法院第一审的判决、裁定，有权用书状或者口头向上一级人民法院上诉。被告人的辩护人和近亲属，经被告人同意，可以提出上诉。选项AB当选。

选项C，根据《刑事诉讼法》第227条第2款的规定，附带民事诉讼的当事人和他们的法定代理人，可以对地方各级人民法院第一审的判决、裁定中的附带民事诉讼部分，提出上诉。选项C不当选。

选项D，根据《刑事诉讼法》第228条的规定，地方各级人民检察院认为本级人民法院第一审的判决、裁定确有错误的时候，应当向上一级人民法院提出抗诉。

选项 D 不当选。

📝 **总结归纳**

	上诉（灵活）	二审抗诉（严格）
主 体	独立：（除被害人以外）当事人、法代； 非独立：被告人的近、辩。	一审法院同级检察院。
理 由	不需要。	一审裁判确有错误。
形 式	书面或口头。	书面。
途 径	上诉状可提交原审法院，也可提交上级法院。	抗诉书只能提交原审法院。

87. [考 点] 上诉、抗诉的撤回

[答 案] B

[解 析] 选项 AB，根据《刑诉解释》第 383 条第 1、2 款的规定，上诉人在上诉期限内要求撤回上诉的，人民法院应当准许。上诉人在上诉期满后要求撤回上诉的，第二审人民法院经审查，认为原判认定事实和适用法律正确，量刑适当的，应当裁定准许；认为原判确有错误的，应当不予准许，继续按照上诉案件审理。可知，本案刘某在上诉期满后撤回上诉，法院认为原判确有错误的，应当不予准许，继续按照上诉案件审理。选项 A 不当选，选项 B 当选。

选项 C，根据《刑诉解释》第 385 条第 1、2 款的规定，人民检察院在抗诉期限内要求撤回抗诉的，人民法院应当准许。人民检察院在抗诉期满后要求撤回抗诉的，第二审人民法院可以裁定准许，但是认为原判存在将无罪判为有罪、轻罪重判等情形的，应当不予准许，继续审理。可知，本案检察院在抗诉期满前撤回抗诉，法院应当准许。选项 C 不当选。

选项 D，根据《刑诉解释》第 386 条的规定，在上诉、抗诉期满前撤回上诉、抗诉的，第一审判决、裁定在上诉、抗诉期满之日起生效。在上诉、抗诉期满后要求撤回上诉、抗诉，第二审人民法院裁定准许的，第一审判决、裁定应当自第二审裁定书送达上诉人或者抗诉机关之日起生效。可知，本案刘某在上诉期满后撤回上诉，二审法院裁定准许的，一审判决应当自二审裁定书送达上诉人之日起生效。选项 D 不当选。

📝 **总结归纳**

（1）撤回上诉：期内想撤就能撤，期满见错不能撤；

（2）撤回抗诉：期内想撤就能撤，期满判重不能撤。

88. [考 点] 全面审查原则

[答 案] C

[解 析] 选项 A，根据《刑诉解释》第 388 条的规定，第二审人民法院审理上诉、抗诉案件，应当就第一审判决、裁定认定的事实和适用法律进行全面审查，不受上诉、抗诉范围的限制。选项 A 错误。

选项 B，根据《刑诉解释》第 399 条第 1 款第 3 项的规定，对同案审理案件中未上诉的被告人，未被申请出庭或者人民法院认为没有必要到庭的，可以不再传唤到庭。选项 B 错误。

选项 C，根据《刑诉解释》第 399 条第 2 款的规定，同案审理的案件，未提出上诉、人民检察院也未对其判决提出抗诉的被告人要求出庭的，应当准许。出庭的被告人可以参加法庭调查和辩论。选项 C 正确。

选项 D，根据《刑诉解释》第 390 条的规定，共同犯罪案件，上诉的被告人死亡，其他被告人未上诉的，第二审人民法院应当对死亡的被告人终止审理；但有证据证明被告人无罪，经缺席审理确认无罪的，应当判决宣告被告人无罪。具有前款规定的情形，第二审人民法院仍应对全案进行审查，对其他同案被告人作出判决、裁定。选项 D 错误。

89. [考点] 上诉不加刑原则

[答案] AC

[解析] 选项 AD，根据《刑事诉讼法》第 237 条的规定，第二审人民法院审理被告人或者他的法定代理人、辩护人、近亲属上诉的案件，不得加重被告人的刑罚。人民检察院提出抗诉或者自诉人提出上诉的，不受前款规定的限制。选项 A 中，朱某和陈某都是以被告人身份，以对自己量刑过重为由提出上诉，二审法院不得加重被告人的刑罚。选项 A 违反了上诉不加刑原则，当选。选项 D 中，检察院认为对金某量刑畸轻，提出抗诉，因此，二审法院可以加重对金某的量刑。选项 D 没有违反上诉不加刑原则，不当选。

选项 B，根据《刑诉解释》第 401 条第 1 款第 3 项的规定，原判认定的罪数不当的，可以改变罪数，并调整刑罚，但不得加重决定执行的刑罚或者对刑罚执行产生不利影响。可知，把原来两罪的刑罚由 4 年和 9 年分别改判为 5 年和 8 年，在不加重合并决定执行的刑罚的情况下，可以加重某一罪的刑罚。选项 B 没有违反上诉不加刑原则，不当选。

选项 C，根据《刑诉解释》第 401 条第 1 款第 2 项的规定，原判认定的罪名不当的，可以改变罪名，但不得加重刑罚或者对刑罚执行产生不利影响。又根据《刑法》第 81 条第 2 款的规定，对累犯以及因故意杀人、强奸、抢劫、绑架、放火、爆炸、投放危险物质或者有组织的暴力性犯罪被判处 10 年以上有期徒刑、无期徒刑的犯罪分子，不得假释。可知，如果二审改判抢劫罪，则不得假释，这对被告人产生了不利影响。选项 C 违反了上诉不加刑原则，当选。

✎ **总结归纳**

上诉不加刑原则：

（1）对谁可加刑：被上、被抗可加刑，其他通通不加刑。

（2）何为不加刑：刑期不变长、刑种不变多、方法不变严、不能变相加；如果非要加，启动再审加。

90. [考 点] 上诉不加刑原则、二审程序

[答 案] B

[解 析] 选项 A，根据《刑事诉讼法》第 237 条的规定，第二审人民法院审理被告人或者他的法定代理人、辩护人、近亲属上诉的案件，不得加重被告人的刑罚。第二审人民法院发回原审人民法院重新审判的案件，除有新的犯罪事实，人民检察院补充起诉的以外，原审人民法院也不得加重被告人的刑罚。人民检察院提出抗诉或者自诉人提出上诉的，不受前款规定的限制。本案只有被告人上诉，没有检察院抗诉，二审法院不得加重被告人的刑罚。选项 A 错误。

选项 B，根据《刑事诉讼法》第 236 条第 1 款的规定，第二审人民法院对不服第一审判决的上诉、抗诉案件，经过审理后，应当按照下列情形分别处理：①原判决认定事实和适用法律正确、量刑适当的，应当裁定驳回上诉或者抗诉，维持原判。②原判决认定事实没有错误，但适用法律有错误，或者量刑不当的，应当改判。③原判决事实不清楚或者证据不足的，可以在查清事实后改判；也可以裁定撤销原判，发回原审人民法院重新审判。选项 B 正确。

选项 C，根据《刑诉解释》第 403 条第 1 款的规定，被告人或者其法定代理人、辩护人、近亲属提出上诉，人民检察院未提出抗诉的案件，第二审人民法院发回重新审判后，除有新的犯罪事实且人民检察院补充起诉的以外，原审人民法院不得加重被告人的刑罚。可知，发回重审的案件，除非有新的犯罪事实且检察院补充起诉，原审法院也不得加重被告人的刑罚。选项 C 错误。

选项 D，根据《刑诉解释》第 403 条第 2 款的规定，对前款规定的案件，原审人民法院对上诉发回重新审判的案件依法作出判决后，人民检察院抗诉的，第二审人民法院不得改判为重于原审人民法院第一次判处的刑罚。可知，本案重审后，如果检察院抗诉，二审法院不得改判为重于原审法院第一次判处的刑罚（有期徒刑 15年）。选项 D 错误。

✎ **总结归纳**

上诉不加刑原则：

发回重审不能变相加刑，除非新事实且补充起诉；原审未抗重审抗，可加但不超原审。

91. [考 点] 二审程序

[答 案] A

[解 析] 选项 A，根据《刑诉解释》第 393 条的规定，下列案件，根据《刑事诉讼法》第 234 条的规定，应当开庭审理：①被告人、自诉人及其法定代理人对第一审认定的事实、证据提出异议，可能影响定罪量刑的上诉案件；②被告人被判处死刑的上诉案件；③人民检察院抗诉的案件；④应当开庭审理的其他案件。被判处死刑的被告人没有上诉，同案的其他被告人上诉的案件，第二审人民法院应当开庭审理。选项 A正确。

选项 B，根据《刑事诉讼法》第 235 条的规定，人民检察院提出抗诉的案件或者第二审人民法院开庭审理的公诉案件，同级人民检察院都应当派员出席法庭。注意，派员出庭的是二审法院同级的检察院，而不是提出抗诉的检察院。选项 B 错误。

选项 C，根据《刑事诉讼法》第 235 条的规定，第二审人民法院应当在决定开庭审理后及时通知人民检察院查阅案卷。人民检察院应当在 1 个月以内查阅完毕。人民检察院查阅案卷的时间不计入审理期限。可知，检察院查阅案卷的时间不计入审理期限。选项 C 错误。

选项 D，根据《刑诉解释》第 402 条的规定，人民检察院只对部分被告人的判决提出抗诉，或者自诉人只对部分被告人的判决提出上诉的，第二审人民法院不得对其他同案被告人加重刑罚。可知，本题二审法院不能加重甲的刑罚。选项 D 错误。

📝 **总结归纳**

（1）二审必须开庭案件：抗、死、事证必开庭；

（2）上诉不加刑的对象：共犯被上、被抗可加刑，其他通通不加刑。

92. [考点] 特殊案件的二审程序

[答案] ABCD

[解析] 选项 A，根据《刑诉解释》第 412 条的规定，第二审期间，自诉案件的当事人提出反诉的，应当告知其另行起诉。选项 A 正确。

选项 B，根据《刑诉解释》第 411 条的规定，对第二审自诉案件，必要时可以调解，当事人也可以自行和解。调解结案的，应当制作调解书，第一审判决、裁定视为自动撤销。当事人自行和解的，依照本解释第 329 条的规定处理；裁定准许撤回自诉的，应当撤销第一审判决、裁定。选项 B 正确。

选项 C，根据《刑诉解释》第 409 条的规定，第二审人民法院审理对附带民事部分提出上诉，刑事部分已经发生法律效力的案件，应当对全案进行审查，并按照下列情形分别处理：①第一审判决的刑事部分并无不当的，只需就附带民事部分作出处理；②第一审判决的刑事部分确有错误的，依照审判监督程序对刑事部分进行再审，并将附带民事部分与刑事部分一并审理。选项 C 正确。

选项 D，根据《刑诉解释》第 410 条的规定，第二审期间，第一审附带民事诉讼原告人增加独立的诉讼请求或者第一审附带民事诉讼被告人提出反诉的，第二审人民法院可以根据自愿、合法的原则进行调解；调解不成的，告知当事人另行起诉。选项 D 正确。

93. [考点] 二审法院的处理结果

[答案] ABCD

[解析] 根据《刑事诉讼法》第 236 条的规定，第二审人民法院对不服第一审判决的上诉、抗诉案件，经过审理后，应当按照下列情形分别处理：①原判决认定事实和适用法律正确、量刑适当的，应当裁定驳回上诉或者抗诉，维持原判。②原判决认定事实没有错误，但适用法律有错误，或者量刑不当的，应当改判。③原判决事实

不清楚或者证据不足的，可以在查清事实后改判；也可以裁定撤销原判，发回原审人民法院重新审判。原审人民法院对于依照前款第3项规定发回重新审判的案件作出判决后，被告人提出上诉或者人民检察院提出抗诉的，第二审人民法院应当依法作出判决或者裁定，不得再发回原审人民法院重新审判。

选项A，根据上述条文第1款第1项可知，原判决认定事实和适用法律正确、量刑适当的，应当"裁定"（而非"判决"）驳回上诉，维持原判。选项A错误，当选。

选项B，根据上述条文第1款第3项可知，原判决事实不清楚或者证据不足的，可以在查清事实后改判；也可以裁定撤销原判，发回原审法院重新审判。选项B错误，当选。

选项C，根据上述条文第1款第2项可知，原判决认定事实没有错误，但量刑过轻的，应当改判。但是，由于受到上诉不加刑的限制，本案不能改判，只能维持原判；必须依法改判的，应当在第二审判决、裁定生效后，依照审判监督程序重新审判。选项C错误，当选。

选项D，根据上述条文第2款的规定，原审法院对于因事实不清或者证据不足发回重新审判的案件作出判决后，被告人提出上诉或者检察院提出抗诉的，二审法院应当依法作出判决或者裁定，不得再发回原审法院重新审判。但是，对于程序违法发回重审的案件并没有次数限制。选项D错误，当选。

✍ **总结归纳**

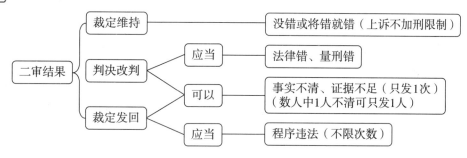

94. [考点] 在法定刑以下判处刑罚的核准程序

[答案] AB

[解析] 选项ABC，根据《刑诉解释》第414条的规定，报请最高人民法院核准在法定刑以下判处刑罚的案件，应当按照下列情形分别处理：①被告人未上诉、人民检察院未抗诉的，在上诉、抗诉期满后3日以内报请上一级人民法院复核。上级人民法院同意原判的，应当书面层报最高人民法院核准；不同意的，应当裁定发回重新审判，或者按照第二审程序提审。②被告人上诉或者人民检察院抗诉的，上一级人民法院维持原判，或者改判后仍在法定刑以下判处刑罚的，应当依照前项规定层报最高人民法院核准。选项AB当选，选项C不当选。

选项D，根据《刑诉解释》第417条的规定，对在法定刑以下判处刑罚的案件，最高人民法院予以核准的，应当作出核准裁定书；不予核准的，应当作出不核准裁定书，并撤销原判决、裁定，发回原审人民法院重新审判或者指定其他下级人民法院重新审判。选项D不当选。

✏️ **总结归纳**

法定刑以下量刑核准程序

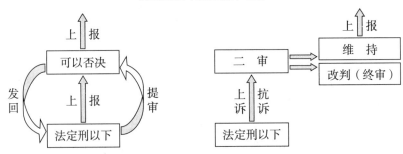

报请程序	不上不抗 就上报	(1) 期满后3日内报请上一级法院复核； (2) 上一级法院同意原判的，逐级层报最高院核准；（层层上报） (3) 上一级法院不同意原判的，应当裁定发回重审，或者按照二审程序提审。（上报路上不改判）
	上诉抗诉 走二审	(1) 二审如果维持原判，逐级层报最高院核准； (2) 二审如果改判法定刑内，二审终审生效。
最高院复核		(1) 予以核准； (2) 不予核准的，应当撤销原判决、裁定，发回原审法院或者指定其他下级法院重新审判。

第17讲 死刑复核程序

95. 2020 年 11 月 2 日，张某将一双儿女从飘窗扔到楼下，致姐弟二人死亡。2021 年 12 月 28 日，重庆市第五中院对该案作出一审判决，被告人张某、叶某犯故意杀人罪，判处死刑，剥夺政治权利终身。请回答下面四个问题：

（1）本案张某依法向重庆市高院提出了上诉。下列表述不正确的是：（　　）

　　A. 重庆市高院应当开庭审理，由 7 人组成合议庭进行审理

　　B. 重庆市高院认为一审量刑过重的，应当依照二审程序提审或者发回重审

　　C. 重庆市高院认为一审判决正确的，应当裁定驳回上诉，维持原判。该裁定在宣判后生效

　　D. 重庆市高院发现该案未公开审理的，应当裁定撤销原判，发回重审。发回重审以 1 次为限

　　[考点] 死刑案件的上诉程序

（2）如果本案一审判决后张某没有提出上诉，检察院也没有提出抗诉。关于本案的复核程序，下列表述不正确的是：（　　）

　　A. 上诉期满 3 日内报请重庆市高院复核；重庆市高院同意的，报请最高院核准

　　B. 重庆市高院复核后，认为量刑过重的，可以直接改判为死缓并限制减刑

　　C. 最高院在复核本案时，应当讯问张某，听取辩护律师的意见

　　D. 最高院在复核本案时，最高检应当向最高院提出意见

　　[考点] 死刑复核程序

（3）关于本案经最高院复核后的处理结果，下列表述正确的是：（　　）

　　A. 原判认定事实和适用法律正确、量刑适当、诉讼程序合法的，应当裁定核准

　　B. 原判认定的某一具体事实或者引用的法律条款等存在瑕疵，但判处死刑并无不当的，应当裁定不予核准，并撤销原判，发回重新审判

　　C. 原判事实不清、证据不足的，既可以查清改判，也可以裁定不予核准，并撤销原判，发回重新审判

　　D. 原判认定事实正确、证据充分，但依法不应当判处死刑的，应当裁定不予核准，并撤销原判，发回重新审判；根据案件情况，必要时，也可以依法改判

　　[考点] 死刑核准结果

（4）本案张某上诉后，重庆市高院二审维持了一审判决。如果最高院复核后认为，原判认定事实清楚，但量刑过重，依法不应当判处死刑，遂不予核准，发回重

庆市高院重新审判。关于重庆市高院的重新审判，下列说法正确的是：（　　）

A. 应当另行组成合议庭

B. 应当开庭审理

C. 重庆市高院既可以提审，也可以直接发回重审

D. 重庆市高院可直接改判死刑缓期二年执行，该判决为终审判决

[考 点] 死刑复核程序发回重审后的处理

96. 2021年9月9日，劳荣枝案一审宣判，一审法院以故意杀人、抢劫、绑架三罪并罚，判死刑，剥夺政治权利终身，并处没收个人全部财产。2022年11月30日上午，江西省高院对劳荣枝故意杀人、抢劫、绑架上诉一案进行二审公开宣判，裁定驳回上诉，维持原判。关于本案的复核程序，下列表述正确的是：（　　）

A. 最高院如果复核后认为，原判认定事实清楚，但量刑过重，依法不应当判处死刑，应当予以改判

B. 最高院如果裁定不予核准，可以直接发回市中院重新审判

C. 最高院如果裁定不予核准，发回省高院重新审判，省高院可以裁定发回市中院重新审判

D. 最高院如果裁定不予核准，发回市中院重新审判后，市中院再次判决劳荣枝死刑，省高院依据复核程序再次审理后，不得再发回重新审判

[考 点] 死刑复核程序

97. 罗某故意杀人案，北京市三中院一审认为罗某虽然构成了故意杀人罪，但是鉴于其有自首情节，一审判决罗某死刑缓期二年执行。关于本案的后续程序，下列表述错误的是：（　　）

A. 检察院抗诉，北京市高院经过审理，认为原判事实清楚、证据充分，但应当判无期徒刑的，应当直接改判

B. 罗某提出上诉，检察院没有抗诉，北京市高院经过审理，认为原判事实清楚、证据充分，但应当限制减刑的，应当直接改判

C. 上诉、抗诉期限届满后，罗某不上诉，检察院不抗诉，三中院报北京市高院复核，北京市高院复核后认为应当判无期徒刑的，应当直接改判

D. 上诉、抗诉期限届满后，罗某不上诉，检察院不抗诉，三中院报北京市高院复核，北京市高院复核后认为应当限制减刑的，应当改判，对罗某限制减刑

[考 点] 死缓的二审和复核程序

答案及解析

95. （1）[考 点] 死刑案件的上诉程序

[答 案] ABCD

[解 析] 选项A，考查二审开庭审理的情形，以及合议庭的组成。根据《刑诉解释》第393条的规定，下列案件，根据《刑事诉讼法》第234条的规定，应当开庭审理：①被告人、自诉人及其法定代理人对第一审认定的事实、证据提出

异议，可能影响定罪量刑的上诉案件；②被告人被判处死刑的上诉案件；③人民检察院抗诉的案件；④其他应当开庭审理的案件。被判处死刑的被告人没有上诉，同案的其他被告人上诉的案件，第二审人民法院应当开庭审理。可知，本案被告人张某被判处死刑，所以二审法院应当开庭审理。又根据《刑事诉讼法》183条第4款的规定，人民法院审判上诉和抗诉案件，由审判员3人或者5人组成合议庭进行。选项A错误，当选。

选项B，考查二审裁判的结果。根据《刑事诉讼法》第236条的规定，第二审人民法院对不服第一审判决的上诉、抗诉案件，经过审理后，应当按照下列情形分别处理：①原判决认定事实和适用法律正确、量刑适当的，应当裁定驳回上诉或者抗诉，维持原判。②原判决认定事实没有错误，但适用法律有错误，或者量刑不当的，应当改判。③原判决事实不清楚或者证据不足的，可以在查清事实后改判；也可以裁定撤销原判，发回原审人民法院重新审判。原审人民法院对于依照前款第3项规定发回重新审判的案件作出判决后，被告人提出上诉或者人民检察院提出抗诉的，第二审人民法院应当依法作出判决或者裁定，不得再发回原审人民法院重新审判。可知，针对一审判决量刑不当的，二审法院应当改判。选项B错误，当选。

选项C，考查二审维持死刑的后续程序。根据《刑诉解释》第423条第1款的规定，报请最高人民法院核准死刑的案件，应当按照下列情形分别处理：①中级人民法院判处死刑的第一审案件，被告人未上诉、人民检察院未抗诉的，在上诉、抗诉期满后10日以内报请高级人民法院复核。高级人民法院同意判处死刑的，应当在作出裁定后10日以内报请最高人民法院核准；认为原判认定的某一具体事实或者引用的法律条款等存在瑕疵，但判处被告人死刑并无不当的，可以在纠正后作出核准的判决、裁定；不同意判处死刑的，应当依照第二审程序提审或者发回重新审判。②中级人民法院判处死刑的第一审案件，被告人上诉或者人民检察院抗诉，高级人民法院裁定维持的，应当在作出裁定后10日以内报请最高人民法院核准。③高级人民法院判处死刑的第一审案件，被告人未上诉、人民检察院未抗诉的，应当在上诉、抗诉期满后10日以内报请最高人民法院核准。根据上述条文的第2项规定可知，重庆市高院裁定维持死刑的，应当在作出裁定后10日以内报请最高院核准。选项C错误，当选。

选项D，考查二审裁判的结果。根据《刑事诉讼法》第238条的规定，第二审人民法院发现第一审人民法院的审理有下列违反法律规定的诉讼程序的情形之一的，应当裁定撤销原判，发回原审人民法院重新审判：①违反本法有关公开审判的规定的；②违反回避制度的；③剥夺或者限制了当事人的法定诉讼权利，可能影响公正审判的；④审判组织的组成不合法的；⑤其他违反法律规定的诉讼程序，可能影响公正审判的。可知，选项D中，二审法院发回重审的处理方式并无错误。但是，针对程序违法发回重审，法律并没有次数限制，只有事实不清、证据不足发回重审才有1次的限制。选项D错误，当选。

（2）【考点】死刑复核程序

【答案】ABCD

【解析】本题没有上诉、抗诉，因此考查的是死刑的上报复核程序。根据《刑诉解释》第423条第1款的规定，报请最高人民法院核准死刑的案件，应当按照下列情形分别处理：①中级人民法院判处死刑的第一审案件，被告人未上诉、人民检察院未抗诉的，在上诉、抗诉期满后10日以内报请高级人民法院复核。高级人民法院同意判处死刑的，应当在作出裁定后10日以内报请最高人民法院核准；认为原判认定的某一具体事实或者引用的法律条款等存在瑕疵，但判处被告人死刑并无不当的，可以在纠正后作出核准的判决、裁定；不同意判处死刑的，应当依照第二审程序提审或者发回重新审判。②中级人民法院判处死刑的第一审案件，被告人上诉或者人民检察院抗诉，高级人民法院裁定维持的，应当在作出裁定后10日以内报请最高人民法院核准。③高级人民法院判处死刑的第一审案件，被告人未上诉、人民检察院未抗诉的，应当在上诉、抗诉期满后10日以内报请最高人民法院核准。

选项A，根据上述条文第1项的规定可知，中级人民法院判处死刑的第一审案件，被告人未上诉、人民检察院未抗诉的，在上诉、抗诉期满后10日以内（而非3日）报请高级人民法院复核。选项A错误，当选。

选项B，根据上述条文第1项的规定可知，上报过程中，高级人民法院不同意判处死刑的，应当依照第二审程序提审或者发回重新审判。选项B中，重庆市高院直接改判的做法是错误的。选项B错误，当选。

选项C，根据《刑事诉讼法》第251条第1款的规定，最高人民法院复核死刑案件，应当讯问被告人，辩护律师提出要求的，应当听取辩护律师的意见。可知，只有当辩护律师提出要求时，才是应当听取辩护律师的意见。选项C错误，当选。

选项D，根据《刑事诉讼法》第251条第2款的规定，在复核死刑案件过程中，最高人民检察院可以向最高人民法院提出意见。最高人民法院应当将死刑复核结果通报最高人民检察院。可知，选项D中将"可以"表述为"应当"，错误。选项D错误，当选。

📝 **总结归纳**

死刑上诉、上报程序

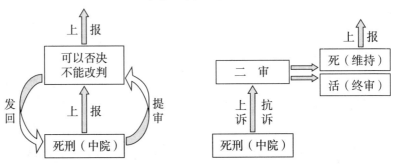

不上不抗 就上报	(1) 上诉期满 10 日内报高院复核；高院同意的，报请最高院核准。（层层上报） (2) 高院不同意判处死刑的，应依照二审程序提审或发回重审。（上报路上不改判）
上诉抗诉 走二审	(1) 高院二审裁定维持的，裁定后 10 日内报请最高院核准； (2) 高院二审改判非死刑的，二审终审生效。

（3）[考 点] 死刑核准结果

[答 案] AD

[解 析] 根据《刑诉解释》第 429 条的规定，最高人民法院复核死刑案件，应当按照下列情形分别处理：①原判认定事实和适用法律正确、量刑适当、诉讼程序合法的，应当裁定核准。②原判认定的某一具体事实或者引用的法律条款等存在瑕疵，但判处被告人死刑并无不当的，可以在纠正后作出核准的判决、裁定。③原判事实不清、证据不足的，应当裁定不予核准，并撤销原判，发回重新审判。④复核期间出现新的影响定罪量刑的事实、证据的，应当裁定不予核准，并撤销原判，发回重新审判。⑤原判认定事实正确、证据充分，但依法不应当判处死刑的，应当裁定不予核准，并撤销原判，发回重新审判；根据案件情况，必要时，也可以依法改判。⑥原审违反法定诉讼程序，可能影响公正审判的，应当裁定不予核准，并撤销原判，发回重新审判。

选项 A，根据上述条文第 1 项的规定，正确。

选项 B，根据上述条文第 2 项的规定，错误。

选项 C，根据上述条文第 3 项的规定，错误。

选项 D，根据上述条文第 5 项的规定，正确。

✎ 总结归纳

没错核准，瑕疵纠正，见错发回，不死必要时可改。

（4）[考 点] 死刑复核程序发回重审后的处理

[答 案] D

[解 析] 本题综合考查了最高院不予核准死刑、发回重审的程序。根据《刑诉解释》第 430 条第 1、3 款的规定，最高人民法院裁定不予核准死刑的，根据案件情况，可以发回第二审人民法院或者第一审人民法院重新审判。第一审人民法院重新审判的，应当开庭审理。第二审人民法院重新审判的，可以直接改判；必须通过开庭查清事实、核实证据或者纠正原审程序违法的，应当开庭审理。本案的情形属于发回二审法院重新审判。

选项 A，根据《刑诉解释》第 432 条的规定，最高人民法院裁定不予核准死刑，发回重新审判的案件，原审人民法院应当另行组成合议庭审理，但本解释第 429 条第 4、5 项规定的案件除外。又根据《刑诉解释》第 429 条的规定，最高人民法院复核死刑案件，应当按照下列情形分别处理：……④复核期间出现新的影响定罪量刑的事实、证据的，应当裁定不予核准，并撤销原判，发回重新审判。⑤原判认定事实正确、证据充分，但依法不应当判处死刑的，应当裁定不予核准，并撤销原判，发回重新审判；根据案件情况，必要时，也可以依法改判。……本案的情形属于第5项的内容，所以不需另行组成合议庭。选项A错误。

选项B，根据《刑诉解释》第430条的规定，最高人民法院裁定不予核准死刑的，根据案件情况，可以发回第二审人民法院或者第一审人民法院重新审判。对最高人民法院发回第二审人民法院重新审判的案件，第二审人民法院一般不得发回第一审人民法院重新审判。第一审人民法院重新审判的，应当开庭审理。第二审人民法院重新审判的，可以直接改判；必须通过开庭查清事实、核实证据或者纠正原审程序违法的，应当开庭审理。本案的情形属于因量刑过重，依法不应当判处死刑，并不属于上述条文中规定的应当开庭审理的情形。选项B错误。

选项C，根据《刑诉解释》第430条第2款的规定，对最高人民法院发回第二审人民法院重新审判的案件，第二审人民法院一般不得发回第一审人民法院重新审判。从题干可知，最高院不予核准死刑，发回重庆市高院（原二审法院），重庆市高院应当依据二审程序对该案进行审理，原则上不得再发回一审法院重新审理。选项C错误。本题考生千万不要误用《刑诉解释》第431条的规定，高级人民法院依照复核程序审理后报请最高人民法院核准死刑，最高人民法院裁定不予核准，发回高级人民法院重新审判的，高级人民法院可以依照第二审程序提审或者发回重新审判。该条文针对的是高院复核后的死刑案件，而不是高院二审后的死刑案件。

选项D，考查的是高院作为二审法院的裁判结果。根据《刑事诉讼法》第236条的规定，第二审人民法院对不服第一审判决的上诉、抗诉案件，经过审理后，应当按照下列情形分别处理：①原判决认定事实和适用法律正确、量刑适当的，应当裁定驳回上诉或者抗诉，维持原判。②原判决认定事实没有错误，但适用法律有错误，或者量刑不当的，应当改判。③原判决事实不清楚或者证据不足的，可以在查清事实后改判；也可以裁定撤销原判，发回原审人民法院重新审判。原审人民法院对于依照前款第3项规定发回重新审判的案件作出判决后，被告人提出上诉或者人民检察院提出抗诉的，第二审人民法院应当依法作出判决或者裁定，不得再发回原审人民法院重新审判。可知，二审法院针对判决量刑不当的，应当改判。选项D正确。

✐ **总结归纳**

(1) 最高院裁定不予核准死刑的，可以发回二审法院或一审法院重新审判；

(2) 最高院发回一审法院必开庭，发回二审法院可以不开庭，"事实证据""纠程序"应当开庭；

（3）发回重审的，应当另行组成合议庭进行审理；（除非"新证""不该死"）

（4）最高院发回（二审）高院重新审判的，高院一般不得发回一审法院重新审判；

（5）最高院发回（复核）高院重新审判的，高院可以依照二审程序提审或发回重审。

96. [考　点] 死刑复核程序

[答　案] B

[解　析] 选项A，根据《刑诉解释》第429条的规定，最高人民法院复核死刑案件，应当按照下列情形分别处理：①原判认定事实和适用法律正确、量刑适当、诉讼程序合法的，应当裁定核准。②原判认定的某一具体事实或者引用的法律条款等存在瑕疵，但判处被告人死刑并无不当的，可以在纠正后作出核准的判决、裁定。③原判事实不清、证据不足的，应当裁定不予核准，并撤销原判，发回重新审判。④复核期间出现新的影响定罪量刑的事实、证据的，应当裁定不予核准，并撤回重新审判。⑤原判认定事实正确、证据充分，但依法不应当判处死刑的，应当裁定不予核准，并撤销原判，发回重新审判；根据案件情况，必要时，也可以依法改判。⑥原审违反法定诉讼程序，可能影响公正审判的，应当裁定不予核准，并撤销原判，发回重新审判。根据该条文第5项的规定可知，选项A错误。

选项B，根据《刑诉解释》第430条第1款的规定，最高人民法院裁定不予核准死刑的，根据案件情况，可以发回第二审人民法院或者第一审人民法院重新审判。选项B正确。

选项C，根据《刑诉解释》第430条第2款的规定，对最高人民法院发回第二审人民法院重新审判的案件，第二审人民法院一般不得发回第一审人民法院重新审判。选项C错误。

选项D，根据《刑诉解释》第433条的规定，依照本解释第430、431条发回重新审判的案件，第一审人民法院判处死刑、死刑缓期执行的，上一级人民法院依照第二审程序或者复核程序审理后，应当依法作出判决或者裁定，不得再发回重新审判。但是，第一审人民法院有《刑事诉讼法》第238条规定的情形或者违反《刑事诉讼法》第239条规定的除外。可知，如果因程序违法发回重审，不受次数限制。选项D错误。

97. [考　点] 死缓的二审和复核程序

[答　案] BD

[解　析] 本题综合考查了中院判决死刑缓期二年执行后的二审和复核结果。

选项A，根据《刑事诉讼法》第236条第1款的规定，第二审人民法院对不服第一审判决的上诉、抗诉案件，经过审理后，应当按照下列情形分别处理：①原判决认定事实和适用法律正确、量刑适当的，应当裁定驳回上诉或者抗诉，维持原判。

②原判决认定事实没有错误，但适用法律有错误，或者量刑不当的，应当改判。③原判决事实不清楚或者证据不足的，可以在查清事实后改判；也可以裁定撤销原判，发回原审人民法院重新审判。可知，原判决认定事实没有错误，但适用法律有错误，或者量刑不当的，应当改判。选项A正确，不当选。

选项B，根据《刑事诉讼法》第237条的规定，第二审人民法院审理被告人或者他的法定代理人、辩护人、近亲属上诉的案件，不得加重被告人的刑罚。人民检察院提出抗诉或者自诉人提出上诉的，不受前款规定的限制。选项B中，只有被告人罗某一方上诉的，不得加重罗某的刑罚。选项B错误，当选。

选项C，根据《刑诉解释》第428条第1款的规定，高级人民法院复核死刑缓期执行案件，应当按照下列情形分别处理：①原判认定事实和适用法律正确、量刑适当、诉讼程序合法的，应当裁定核准；②原判认定的某一具体事实或者引用的法律条款等存在瑕疵，但判处被告人死刑缓期执行并无不当的，可以在纠正后作出核准的判决、裁定；③原判认定事实正确，但适用法律有错误，或者量刑过重的，应当改判；④原判事实不清、证据不足的，可以裁定不予核准，并撤销原判，发回重新审判，或者依法改判；⑤复核期间出现新的影响定罪量刑的事实、证据的，可以裁定不予核准，并撤销原判，发回重新审判，或者依照本解释第271条的规定审理后依法改判；⑥原审违反法定诉讼程序，可能影响公正审判的，应当裁定不予核准，并撤销原判，发回重新审判。根据上述条文第3项的规定可知，选项C正确，不当选。

选项D，根据《刑诉解释》第428条第2款的规定，复核死刑缓期执行案件，不得加重被告人的刑罚。选项D错误，当选。

📝 **总结归纳**

死缓核准结果

（1）上诉、抗诉走二审：高院用二审程序审理；（被上、被抗可加刑）

（2）不上、不抗就上报：高院用复核程序审理。（死缓复核绝对不加刑）

第18讲　审判监督程序

98. 2004年11月15日，河南省民权县周岗村电工王某某的两个儿子先后中毒，3岁的小儿子王成（化名）因抢救无效死亡。经鉴定，两人均因"毒鼠强"中毒。7天后，民权县公安局刑警大队宣布侦破此案。2005年6月23日至2007年10月30日，商丘市中院三次以故意杀人罪判处吴春红死缓，但均被河南省高院以"事实不清"为由发回重审。后商丘市中院第四次开庭，再次以故意杀人罪判处吴春红无期徒刑。吴春红提出上诉后，河南省高院裁定驳回上诉，维持原判。请回答下面三个问题。

（1）本案判决生效后，如果当事人不服生效判决欲申诉，下列说法正确的是：（　　）

　　A. 王某某与吴春红均有权提出申诉

　　B. 吴春红申诉期间可以先停止判决的执行

　　C. 本案应当向最高院或最高检申诉

　　D. 如果吴春红直接向最高院申诉，最高院应当交河南省高院审查处理

　　[考　点] 再审申诉程序

（2）假如本案商丘市中院一审判决吴春红死刑缓期二年执行，一审判决后，吴春红没有上诉，检察院没有抗诉，判决生效后，发现本案裁判确有错误。对于本案，哪些机关有权启动再审程序？（　　）

　　A. 商丘市中院　　　　　　**B.** 河南省高院

　　C. 河南省检　　　　　　　**D.** 最高检

　　[考　点] 再审的启动

（3）关于本案的再审程序，下列表述正确的是：（　　）

　　A. 最高检如果向最高院再审抗诉，应当由接受抗诉的最高院组成合议庭重新审理

　　B. 本案再审改判无罪后，所作的裁判为终审裁判

　　C. 本案再审期间应当中止原裁判的执行

　　D. 认为原判决事实不清、证据不足的，可以在查清事实后改判，也可以裁定撤销原判，发回原审法院重新审判

　　[考　点] 再审的审理程序

99. 关于二审抗诉和再审抗诉，下列表述正确的是：（　　）

A. 抗诉的对象均是针对法院的未生效裁判

B. 地方各级检察院均可能提起再审抗诉

C. 接受抗诉的机关均为抗诉检察院的上一级法院

D. 抗诉的理由均是法院的裁判确有错误

考点 二审抗诉和再审抗诉的区别

答案及解析

98. (1) 考点 再审申诉程序

答案 A

解析 选项 AB，根据《刑事诉讼法》第 252 条的规定，当事人及其法定代理人、近亲属，对已经发生法律效力的判决、裁定，可以向人民法院或者人民检察院提出申诉，但是不能停止判决、裁定的执行。又根据《刑诉解释》第 451 条第 2 款的规定，案外人认为已经发生法律效力的判决、裁定侵害其合法权益，提出申诉的，人民法院应当审查处理。选项 A 正确，选项 B 错误。

选项 C，根据《刑诉解释》第 453 条的规定，申诉由终审人民法院审查处理。但是，第二审人民法院裁定准许撤回上诉的案件，申诉人对第一审判决提出申诉的，可以由第一审人民法院审查处理。上一级人民法院对未经终审人民法院审查处理的申诉，可以告知申诉人向终审人民法院提出申诉，或者直接交终审人民法院审查处理，并告知申诉人；案件疑难、复杂、重大的，也可以直接审查处理。对未经终审人民法院及其上一级人民法院审查处理，直接向上级人民法院申诉的，上级人民法院应当告知申诉人向下级人民法院提出。又根据《高检规则》第 593 条的规定，当事人及其法定代理人、近亲属认为人民法院已经发生法律效力的判决、裁定确有错误，向人民检察院申诉的，由作出生效判决、裁定的人民法院的同级人民检察院依法办理。当事人及其法定代理人、近亲属直接向上级人民检察院申诉的，上级人民检察院可以交由作出生效判决、裁定的人民法院的同级人民检察院受理；案情重大、疑难、复杂的，上级人民检察院可以直接受理。当事人及其法定代理人、近亲属对人民法院已经发生法律效力的判决、裁定提出申诉，经人民检察院复查决定不予抗诉后继续提出申诉的，上一级人民检察院应当受理。可知，申诉原则上向终审法院或者终审法院的同级检察院提出，而本案的终审法院是河南省高院。选项 C 错误。

选项 D，根据《刑诉解释》第 453 条第 2 款的规定可知，上一级人民法院对未经终审人民法院审查处理的申诉，可以告知申诉人向终审人民法院提出申诉，或者直接交终审人民法院审查处理，并告知申诉人；案件疑难、复杂、重大的，也可以直接审查处理。选项 D 错误。

总结归纳

再审的申诉

申诉主体	当事人及其法定代理人、近亲属，案外人。（当、法、近、外）
申诉对象	已经生效的判决、裁定。
申诉机关	法院、检察院。
申诉效力	不能停止判决、裁定的执行；不必然引起再审程序。
向法申诉	（1）申诉由终审法院处理；撤回上诉后，对一审判决提出申诉的，可以由一审法院处理。 （2）上一级法院对越级的申诉，可以告知申诉人向终审法院提出申诉，或直接交终审法院审查处理，并告知申诉人；案件疑难、复杂、重大的，也可以直接审查处理。 （3）死刑案件的申诉，可以由原核准法院直接审查处理，也可以交由原审法院审查。 （4）对经过两级法院处理后仍然坚持申诉的，应当驳回或通知不予重新审判。（两级申诉制）
向检申诉	（1）原则上向终审法院的同级检察院申诉。 （2）直接向上级检察院申诉的，上级检察院可交由终审法院的同级检察院受理；案件重大、疑难、复杂的，上级检察院可以直接受理。 （3）经两级检察院办理且省检察院已复查的，没有新证据，不再复查，但可能无罪或裁判有其他重大错误可能的除外。（两级申诉制）

（2）[考点]再审的启动

[答案]BD

[解析] 根据《刑事诉讼法》第254条的规定，各级人民法院院长对本院已经发生法律效力的判决和裁定，如果发现在认定事实上或者在适用法律上确有错误，必须提交审判委员会处理。最高人民法院对各级人民法院已经发生法律效力的判决和裁定，上级人民法院对下级人民法院已经发生法律效力的判决和裁定，如果发现确有错误，有权提审或者指令下级人民法院再审。最高人民检察院对各级人民法院已经发生法律效力的判决和裁定，上级人民检察院对下级人民法院已经发生法律效力的判决和裁定，如果发现确有错误，有权按照审判监督程序向同级人民法院提出抗诉。人民检察院抗诉的案件，接受抗诉的人民法院应当组成合议庭重新审理，对于原判决事实不清楚或者证据不足的，可以指令下级人民法院再审。

　　本案虽然没有上诉、抗诉，但是死缓案件必经高院复核，因此本案的终审法院是河南省高院。本案有权启动再审的法院是河南省高院和最高院，有权抗诉的检察院是最高检。选项BD当选。

✏️ **总结归纳**

再审的启动机关

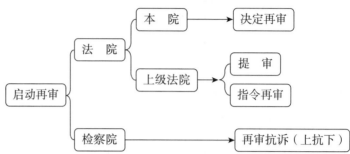

(3) [考点] 再审的审理程序

[答案] BD

[解析] 选项 A，根据《刑事诉讼法》第254条第4款的规定，人民检察院抗诉的案件，接受抗诉的人民法院应当组成合议庭重新审理，对于原判决事实不清楚或者证据不足的，可以指令下级人民法院再审。选项 A 错误。

选项 B，根据《刑事诉讼法》第256条第1款的规定，人民法院按照审判监督程序重新审判的案件，由原审人民法院审理的，应当另行组成合议庭进行。如果原来是第一审案件，应当依照第一审程序进行审判，所作的判决、裁定，可以上诉、抗诉；如果原来是第二审案件，或者是上级人民法院提审的案件，应当依照第二审程序进行审判，所作的判决、裁定，是终审的判决、裁定。本案原来就是第二审案件，应当依照第二审程序进行审判，所以再审作出的裁判为终审裁判。选项 B 正确。

选项 C，根据《刑诉解释》第464条的规定，对决定依照审判监督程序重新审判的案件，人民法院应当制作再审决定书。再审期间不停止原判决、裁定的执行，但被告人可能经再审改判无罪，或者可能经再审减轻原判刑罚而致刑期届满的，可以决定中止原判决、裁定的执行，必要时，可以对被告人采取取保候审、监视居住措施。选项 C 错误。

选项 D，根据《刑诉解释》第472条第1款的规定，再审案件经过重新审理后，应当按照下列情形分别处理：①原判决、裁定认定事实和适用法律正确、量刑适当的，应当裁定驳回申诉或者抗诉，维持原判决、裁定；②原判决、裁定定罪准确、量刑适当，但在认定事实、适用法律等方面有瑕疵的，应当裁定纠正并维持原判决、裁定；③原判决、裁定认定事实没有错误，但适用法律错误或者量刑不当的，应当撤销原判决、裁定，依法改判；④依照第二审程序审理的案件，原判决、裁定事实不清、证据不足的，可以在查清事实后改判，也可以裁定撤销原判，发回原审人民法院重新审判。根据上述条文第4项的规定可知，选项 D 正确。

✏️ **总结归纳**

再审的程序

再审的程序	（1）原来是第一审案件，应当依照第一审程序进行审判； （2）原来是第二审案件，或者是提审的案件，应当依照第二审程序进行审判。
再审的执行	再审期间不停止原判决、裁定的执行。（特殊情况下可以决定中止执行）
强制措施	谁启动，谁决定。
应当开庭	一、抗、事证、加重罚。
再审的结果	（1）没错维持，瑕疵纠正。 （2）法律错、量刑错，应当改判。 （3）事实不清、证据不足：按二审审的，可改可发；按一审审的，仍查不清的疑罪从无。

99. 考点 二审抗诉和再审抗诉的区别

答案 D

解析 选项A，二审抗诉与再审抗诉的对象不同：二审抗诉的对象是地方各级人民法院尚未发生法律效力的一审判决、裁定；而再审抗诉的对象是已经发生法律效力的判决、裁定。选项A错误。

选项B，二审抗诉与再审抗诉的机关不同：除最高人民检察院外，任何一级人民检察院都有权对同级人民法院的一审判决、裁定提出二审抗诉；而除最高人民检察院有权对同级的最高人民法院发生法律效力的判决、裁定提出再审抗诉外，其他各级人民检察院都只能对其下级人民法院发生法律效力的判决、裁定提出再审抗诉。可见，基层人民检察院只能提出二审抗诉，无权提出再审抗诉；而最高人民检察院只能提出再审抗诉，无权提出二审抗诉。选项B错误。

选项C，二审抗诉与再审抗诉的接受法院不同：接受二审抗诉的是提出抗诉的人民检察院的上一级人民法院；而接受再审抗诉的是提出抗诉的人民检察院的同级人民法院。选项C错误。

选项D，二审抗诉与再审抗诉的理由是相同的，都是人民法院的判决、裁定确有错误。只不过二审抗诉是因为一审人民法院的未生效判决、裁定有错误；而再审抗诉是因为下级人民法院（或同级最高人民法院）的生效判决、裁定有错误。选项D正确。

✏️ **总结归纳**

	二审抗诉	再审抗诉
对　象	尚未生效的一审裁判	已经生效的裁判
抗诉机关	原审法院的同级检察院	原审法院的上级检察院或最高检
接受抗诉机关	抗诉检察院的上一级法院	抗诉检察院的同级法院
效　力	必然导致一审裁判不发生法律效力	不会停止原裁判的执行

第19讲 执 行

100. 在一起共同犯罪案件中，主犯罗某被判处死刑缓期二年执行，剥夺政治权利终身，并处没收个人财产；从犯张某被判处有期徒刑3年，罚金2万元人民币；从犯殷某被判处有期徒刑2年缓期3年执行；从犯鄢某被判处有期徒刑1年（余刑2个月），剥夺政治权利1年。关于本案生效裁判的执行，下列哪些做法是正确的？（   ）

    A. 罗某的死缓和没收财产刑应当由法院执行，剥夺政治权利由公安机关执行

    B. 张某的3年有期徒刑由监狱执行，罚金由公安机关执行

    C. 殷某的刑罚由社区矫正机构执行

    D. 鄢某的刑罚全部由公安机关执行

    考点 刑罚执行机关

101. 被告人殷某因绑架罪被甲省A市中级法院判处死刑缓期二年执行，后交付甲省B市监狱执行。死刑缓期执行期间，殷某脱逃至乙省C市实施抢劫被抓获，C市中级法院一审以抢劫罪判处其无期徒刑。殷某不服判决，向乙省高级法院上诉。乙省高级法院二审维持一审判决。关于执行殷某死刑，下列说法正确的是：（   ）

    A. 核准死刑立即执行的机关是最高法院，签发死刑令的是最高法院院长

    B. 殷某的死刑由作出一审判决的C市中级法院执行

    C. 法院在执行死刑前，发现殷某怀孕的，可以暂停执行死刑

    D. 殷某提出会见近亲属以外的亲友的，应当予以准许

    考点 死刑的执行

102. 关于财产刑的执行，下列说法错误的是：（   ）

    A. 执行财产刑的是财产所在地的法院

    B. 判处没收财产的，应当执行刑事裁判生效时被执行人合法所有的财产以及赃款赃物及其收益

    C. 被执行人将刑事裁判认定为赃款赃物的涉案财物用于清偿债务、转让或者设置其他权利负担的，应当一律予以追缴

    D. 债权人对执行标的依法享有优先受偿权，其主张优先受偿的，法院应当在退赔被害人损失后予以支持

    考点 财产刑的执行

103. 关于监外执行的程序, 下列哪些说法是错误的? ( )

A. 监外执行期间, 应当由判决地的社区矫正机构对其实行社区矫正

B. 监外执行的期间不计入执行刑期

C. 暂予监外执行的社区矫正对象具有应当予以收监情形的, 应当由法院决定对其收监

D. 法院作出收监决定, 罪犯不服的, 可向上一级法院申请复议

[考 点] 监外执行

104. 关于减刑、假释的相关程序, 下列说法正确的是: ( )

A. 人民法院审理减刑、假释案件, 应当依法由审判员或者由审判员和人民陪审员组成合议庭进行

B. 人民法院审理减刑、假释案件, 应当采取开庭审理

C. 人民法院开庭审理减刑、假释案件, 应当通知人民检察院、执行机关及被报请减刑、假释罪犯参加庭审

D. 人民法院书面审理减刑、假释案件, 应当提讯被报请减刑、假释罪犯

[考 点] 减刑、假释程序

答案及解析

100. [考 点] 刑罚执行机关

[答 案] CD

[解 析] 关于刑罚的执行机关, 可以归纳如下:

(1) 法院: 无罪免刑、死刑立即执行、罚金、没收财产;

(2) 监狱: 死缓、无期、有期 (余刑在 3 个月以下的, 由看守所代为执行);

(3) 社区矫正机构: 管制、缓刑、假释、暂予监外执行;

(4) 公安机关: 余刑在 3 个月以下的徒刑、拘役、剥夺政治权利。

选项 A, 罗某的死缓应当由监狱执行, 没收财产刑应当由法院执行, 剥夺政治权利应当由公安机关执行。选项 A 错误。

选项 B, 张某的 3 年有期徒刑应当由监狱执行, 罚金应当由法院执行。选项 B 错误。

选项 C, 殷某的有期徒刑缓刑应当由社区矫正机构执行。选项 C 正确。

选项 D, 鄂某的 1 年有期徒刑 (余刑 2 个月) 应当由看守所代为执行 (看守所属于公安机关), 剥夺政治权利应当由公安机关执行。选项 D 正确。

✎ **总结归纳**

(1) 法院: 收钱、杀人、不干活;

(2) 监狱: 徒刑监禁 3 月起;

(3) 公安: 不足三、拘、夺政权;

(4) 社区: 社区最闲陪他玩。

101. [考点] 死刑的执行

[答案] A

[解析] 选项 A，根据《刑事诉讼法》第 246 条的规定，死刑由最高人民法院核准。根据《刑事诉讼法》第 261 条第 1 款的规定，最高人民法院判处和核准的死刑立即执行的判决，应当由最高人民法院院长签发执行死刑的命令。选项 A 正确。

选项 B，根据《刑诉解释》第 499 条的规定，最高人民法院的执行死刑命令，由高级人民法院交付第一审人民法院执行。第一审人民法院接到执行死刑命令后，应当在 7 日以内执行。在死刑缓期执行期间故意犯罪，最高人民法院核准执行死刑的，由罪犯服刑地的中级人民法院执行。本案属于死刑缓期执行期间故意犯罪，由罪犯服刑地的 B 市中级法院执行死刑。选项 B 错误。

选项 C，根据《刑诉解释》第 500 条的规定，下级人民法院在接到执行死刑命令后、执行前，发现有下列情形之一的，应当暂停执行，并立即将请求停止执行死刑的报告和相关材料层报最高人民法院：①罪犯可能有其他犯罪的；②共同犯罪的其他犯罪嫌疑人到案，可能影响罪犯量刑的；③共同犯罪的其他罪犯被暂停或者停止执行死刑，可能影响罪犯量刑的；④罪犯揭发重大犯罪事实或者有其他重大立功表现，可能需要改判的；⑤罪犯怀孕的；⑥判决、裁定可能有影响定罪量刑的其他错误的。最高人民法院经审查，认为可能影响罪犯定罪量刑的，应当裁定停止执行死刑；认为不影响的，应当决定继续执行死刑。选项 C 中，由于殷某怀孕，执行法院应当暂停执行死刑，并立即将请求停止执行死刑的报告和相关材料层报最高法院。选项 C 错误。

选项 D，根据新增的《最高人民法院关于死刑复核及执行程序中保障当事人合法权益的若干规定》第 7 条的规定，罪犯近亲属申请会见的，人民法院应当准许，并在执行死刑前及时安排，但罪犯拒绝会见的除外。罪犯拒绝会见的情况，应当记录在案并及时告知其近亲属，必要时应当进行录音录像。又根据该规定第 8 条的规定，罪犯提出会见近亲属以外的亲友，经人民法院审查，确有正当理由的，可以在确保会见安全的情况下予以准许。选项 D 错误。

[✐ 总结归纳]

暂停死刑的情形：其他、共犯、立功、孕。

---

102. [考点] 财产刑的执行

[答案] ABCD

[解析] 选项 A，根据《刑诉解释》第 522 条的规定，刑事裁判涉财产部分和附带民事裁判应当由人民法院执行的，由第一审人民法院负责裁判执行的机构执行。又根据《刑诉解释》第 530 条的规定，被执行财产在外地的，第一审人民法院可以委托财产所在地的同级人民法院执行。选项 A 错误，当选。

选项 B，根据《最高人民法院关于刑事裁判涉财产部分执行的若干规定》第 9 条的规定，判处没收财产的，应当执行刑事裁判生效时被执行人合法所有的财产。

执行没收财产或罚金刑，应当参照被扶养人住所地政府公布的上年度当地居民最低生活费标准，保留被执行人及其所扶养家属的生活必需费用。又根据《最高人民法院关于刑事裁判涉财产部分执行的若干规定》第10条的规定，对赃款赃物及其收益，人民法院应当一并追缴。被执行人将赃款赃物投资或者置业，对因此形成的财产及其收益，人民法院应予追缴。被执行人将赃款赃物与其他合法财产共同投资或者置业，对因此形成的财产中与赃款赃物对应的份额及其收益，人民法院应予追缴。对于被害人的损失，应当按照刑事裁判认定的实际损失予以发还或者赔偿。可知，对于赃款赃物及其收益，应当追缴而非没收。选项B错误，当选。

选项C，根据《最高人民法院关于刑事裁判涉财产部分执行的若干规定》第11条的规定，被执行人将刑事裁判认定为赃款赃物的涉案财物用于清偿债务、转让或者设置其他权利负担，具有下列情形之一的，人民法院应予追缴：①第三人明知是涉案财物而接受的；②第三人无偿或者以明显低于市场的价格取得涉案财物的；③第三人通过非法债务清偿或者违法犯罪活动取得涉案财物的；④第三人通过其他恶意方式取得涉案财物的。第三人善意取得涉案财物的，执行程序中不予追缴。作为原所有人的被害人对该涉案财物主张权利的，人民法院应当告知其通过诉讼程序处理。可知，第三人善意取得涉案财物的，执行程序中不予追缴。选项C错误，当选。

选项D，根据《最高人民法院关于刑事裁判涉财产部分执行的若干规定》第13条的规定，被执行人在执行中同时承担刑事责任、民事责任，其财产不足以支付的，按照下列顺序执行：①人身损害赔偿中的医疗费用；②退赔被害人的损失；③其他民事债务；④罚金；⑤没收财产。债权人对执行标的依法享有优先受偿权，其主张优先受偿的，人民法院应当在前款第1项规定的医疗费用受偿后，予以支持。选项D错误，当选。

📝 **总结归纳**

财产清偿顺序：医、赔、债、罚、没。（优先受偿债权可插队第2位）

103. [考点]监外执行

[答案]ABCD

[解析]选项A，根据《刑事诉讼法》第269条的规定，对被判处管制、宣告缓刑、假释或者暂予监外执行的罪犯，依法实行社区矫正，由社区矫正机构负责执行。又根据《社区矫正法》第17条第1~3款的规定，社区矫正决定机关判处管制、宣告缓刑、裁定假释、决定或者批准暂予监外执行时应当确定社区矫正执行地。社区矫正执行地为社区矫正对象的居住地。社区矫正对象在多个地方居住的，可以确定经常居住地为执行地。社区矫正对象的居住地、经常居住地无法确定或者不适宜执行社区矫正的，社区矫正决定机关应当根据有利于社区矫正对象接受矫正、更好地融入社会的原则，确定执行地。可知，社区矫正执行地一般为社区矫正对象的居住地。选项A错误，当选。

选项 B，根据《刑事诉讼法》第 268 条第 3 款的规定，<u>不符合暂予监外执行条件的罪犯通过贿赂等非法手段被暂予监外执行的，在监外执行的期间不计入执行刑期。罪犯在暂予监外执行期间脱逃的，脱逃的期间不计入执行刑期。</u>可知，只有特殊情形下的监外执行的期间不计入执行刑期。选项 B 错误，当选。

选项 C，根据《社区矫正法》第 49 条第 1、2 款的规定，暂予监外执行的社区矫正对象具有刑事诉讼法规定的应当予以收监情形的，社区矫正机构应当向执行地或者原社区矫正决定机关提出收监执行建议，并将建议书抄送人民检察院。社区矫正决定机关应当在收到建议书后 30 日内作出决定，将决定书送达社区矫正机构和公安机关，并抄送人民检察院。可知，收监决定应当由社区矫正决定机关作出，而该决定机关可能是法院，也可能是批准暂予监外执行的监狱管理机关、公安机关。选项 C 错误，当选。

选项 D，根据《刑诉解释》第 517 条第 1 款的规定，人民法院应当在收到社区矫正机构的收监执行建议书后 30 日以内作出决定。<u>收监执行决定书一经作出，立即生效。</u>选项 D 错误，当选。

104. [考点] 减刑、假释程序

[答案] AC

[解析] 选项 A，根据《最高人民法院关于减刑、假释案件审理程序的规定》第 4 条的规定，人民法院审理减刑、假释案件，<u>应当依法由审判员或者由审判员和人民陪审员组成合议庭进行。</u>选项 A 正确。

选项 B，根据《最高人民法院关于减刑、假释案件审理程序的规定》第 6 条的规定，人民法院审理减刑、假释案件，可以采取开庭审理或者书面审理的方式。但下列减刑、假释案件，应当开庭审理：①因罪犯有重大立功表现报请减刑的；②报请减刑的起始时间、间隔时间或者减刑幅度不符合司法解释一般规定的；③公示期间收到不同意见的；④人民检察院有异议的；⑤被报请减刑、假释罪犯系职务犯罪罪犯，组织（领导、参加、包庇、纵容）黑社会性质组织犯罪罪犯，破坏金融管理秩序和金融诈骗犯罪罪犯及其他在社会上有重大影响或社会关注度高的；⑥人民法院认为其他应当开庭审理的。选项 B 错误。

选项 C，根据《最高人民法院关于减刑、假释案件审理程序的规定》第 7 条的规定，人民法院开庭审理减刑、假释案件，<u>应当通知人民检察院、执行机关及被报请减刑、假释罪犯参加庭审。</u>人民法院根据需要，可以通知证明罪犯确有悔改表现或者立功、重大立功表现的证人，公示期间提出不同意见的人，以及鉴定人、翻译人员等其他人员参加庭审。选项 C 正确。

选项 D，根据《最高人民法院关于减刑、假释案件审理程序的规定》第 15 条的规定，人民法院书面审理减刑案件，可以提讯被报请减刑罪犯；书面审理假释案件，应当提讯被报请假释罪犯。选项 D 错误。

第20讲 未成年人刑事诉讼程序

105. 未成年人张三涉嫌抢劫罪。关于本案的取保候审，下列说法正确的是：（　　）

A. 本案采取取保候审足以防止发生社会危险性的，应当依法对张三适用取保候审

B. 由于张三是未成年人，取保候审时应当适用保证人保证

C. 如果本案适用保证金取保候审，保证金的起点数额为人民币 500 元

D. 如果张三不能提出保证人也不交纳保证金，应当予以逮捕

[考点]《关于取保候审若干问题的规定》

106. 张某（17 周岁）因涉嫌强奸罪被逮捕。关于本案的相关程序，下列说法正确的是：（　　）

A. 如果张某没有委托辩护人，人民法院、人民检察院、公安机关应当通知法律援助机构指派律师为其提供辩护

B. 人民法院决定逮捕张某的，应当讯问张某，可以听取辩护人的意见

C. 如果张某被判处 10 年有期徒刑以下刑罚，应当对相关犯罪记录予以封存

D. 讯问时应当通知张某的法定代理人到场，张某明确拒绝法定代理人到场的，人民检察院可以准许，但应当另行通知其他合适成年人到场

[考点] 未成年人刑事案件诉讼程序

107. 甲、乙系初三学生，因涉嫌强奸同学丙被提起公诉（审判时三人刚满 18 周岁）。关于该案的诉讼程序，下列哪一选项是正确的？（　　）

A. 本案应当由未成年人案件审判组织进行公开审理

B. 询问丙时，如果没有通知丙的法定代理人到场，丙的陈述不能作为定案依据

C. 如果甲无固定住所，又无法提供保证人，决定对甲适用取保候审的，应当指定合适成年人作为保证人

D. 讯问甲、乙时，应当采取同步录音录像等措施，尽量一次完成

[考点] 未成年人刑事案件诉讼程序

108. 关于审理未成年人刑事案件，下列哪一选项是正确的？（　　）

A. 未成年人罗某，组织 6 名成年人贩卖毒品的，可以将罗某与成年人并案起诉

B. 被告人贾某，犯罪时未满 18 周岁，审理时已满 18 周岁的，不能适用速裁程序

C. 未成年被告人魏某当庭拒绝法律援助律师辩护的，应当予以准许

D. 重新开庭后，未成年被告人魏某再次当庭拒绝辩护人辩护的（已满18周岁），不予准许

[考点] 未成年人刑事案件诉讼程序

109. 未成年人张某（17周岁）因涉嫌盗窃罪被公安机关立案侦查，现移送到人民检察院审查起诉。如果人民检察院欲对本案附条件不起诉，下列说法正确的是：（　　）

A. 该案可能判处3年有期徒刑以下刑罚，符合起诉条件，但有悔罪表现的，人民检察院可以作出附条件不起诉的决定

B. 被害人对本案附条件不起诉不服的，可以向上一级人民检察院申诉或者向人民法院起诉

C. 张某及其法定代理人仅对人民检察院决定附条件不起诉所附条件及考验期有异议的，人民检察院可以依法采纳其合理的意见，对考察的内容、方式、时间等进行调整

D. 张某在考验期内又实施诈骗罪的，人民检察院应当对诈骗罪作出起诉决定

[考点] 附条件不起诉

110. 黄某（17周岁，某汽车修理店职工）与吴某（16周岁，高中学生）在餐馆就餐时因琐事与赵某（16周岁，高中学生）发生争吵，并殴打赵某致其轻伤。人民检察院审查后，综合案件情况，拟对黄某作出附条件不起诉决定，对吴某作出不起诉决定。据此，下列说法不正确的是：（　　）

A. 对于黄某、吴某的不起诉决定，被害人赵某可以向上一级人民检察院申诉，也可以向人民法院起诉

B. 对黄某、吴某不起诉后，二人在押的，人民检察院应当作出释放的决定

C. 黄某在附条件不起诉考验期内，要离开所居住的市、县或者迁居的，应当报经公安机关批准

D. 对黄某附条件不起诉的，应当确定考验期。考验期为6个月以上1年以下，从人民检察院作出附条件不起诉的决定之日起计算。考验期计入案件审查起诉期限

[考点] 附条件不起诉

答案及解析

105. [考点]《关于取保候审若干问题的规定》

[答案] AC

[解析] 选项A，根据《取保候审规定》第3条第1款的规定，对于采取取保候审足以防止发生社会危险性的犯罪嫌疑人，应当依法适用取保候审。选项A正确。

选项B，根据《取保候审规定》第4条的规定，对犯罪嫌疑人、被告人决定取保候审的，应当责令其提出保证人或者交纳保证金。对同一犯罪嫌疑人、被告人决定取保候审的，不得同时使用保证人保证和保证金保证。对未成年人取保候审的，应当优先适用保证人保证。注意，优先适用保证人保证并不等于只能适用保证人保

证。选项 B 错误。

选项 C，根据《取保候审规定》第 5 条第 1 款的规定，采取保证金形式取保候审的，保证金的起点数额为人民币 1000 元；被取保候审人为未成年人的，保证金的起点数额为人民币 500 元。选项 C 正确。

选项 D，根据《取保候审规定》第 6 条的规定，对符合取保候审条件，但犯罪嫌疑人、被告人不能提出保证人也不交纳保证金的，可以监视居住。前款规定的被监视居住人提出保证人或者交纳保证金的，可以对其变更为取保候审。选项 D 错误。

106. [考点] 未成年人刑事案件诉讼程序

[答案] A

[解析] 选项 A，根据《刑事诉讼法》第 278 条的规定，未成年犯罪嫌疑人、被告人没有委托辩护人的，人民法院、人民检察院、公安机关应当通知法律援助机构指派律师为其提供辩护。选项 A 正确。

选项 B，根据《刑事诉讼法》第 280 条第 1 款的规定，对未成年犯罪嫌疑人、被告人应当严格限制适用逮捕措施。人民检察院审查批准逮捕和人民法院决定逮捕，应当讯问未成年犯罪嫌疑人、被告人，听取辩护律师的意见。可知，批捕未成年犯罪嫌疑人、被告人"应当"听取辩护律师的意见。选项 B 错误。

选项 C，根据《刑事诉讼法》第 286 条的规定，犯罪的时候不满 18 周岁，被判处 5 年有期徒刑以下刑罚的，应当对相关犯罪记录予以封存。犯罪记录被封存的，不得向任何单位和个人提供，但司法机关为办案需要或者有关单位根据国家规定进行查询的除外。依法进行查询的单位，应当对被封存的犯罪记录的情况予以保密。选项 C 错误。

选项 D，根据《刑事诉讼法》第 281 条第 1 款的规定，对于未成年人刑事案件，在讯问和审判的时候，应当通知未成年犯罪嫌疑人、被告人的法定代理人到场。无法通知、法定代理人不能到场或者法定代理人是共犯的，也可以通知未成年犯罪嫌疑人、被告人的其他成年亲属，所在学校、单位、居住地基层组织或者未成年人保护组织的代表到场，并将有关情况记录在案。又根据《人民检察院办理未成年人刑事案件的规定》（以下简称《检察院办理未成年人刑案规定》）第 17 条第 5 款的规定，未成年犯罪嫌疑人明确拒绝法定代理人以外的合适成年人到场，人民检察院可以准许，但应当另行通知其他合适成年人到场。可知，未成年人只能拒绝法定代理人以外的合适成年人到场，不能拒绝法定代理人到场。选项 D 错误。

107. [考点] 未成年人刑事案件诉讼程序

[答案] C

[解析] 选项 A，根据《刑诉解释》第 550 条的规定，被告人实施被指控的犯罪时不满 18 周岁、人民法院立案时不满 20 周岁的案件，由未成年人案件审判组织审理。下列案件可以由未成年人案件审判组织审理：①人民法院立案时不满 22 周岁的在

校学生犯罪案件；②强奸、猥亵、虐待、遗弃未成年人等侵害未成年人人身权利的犯罪案件；③由未成年人案件审判组织审理更为适宜的其他案件。共同犯罪案件有未成年被告人的或者其他涉及未成年人的刑事案件，是否由未成年人案件审判组织审理，由院长根据实际情况决定。可知，本案应当由未成年人案件审判组织审理。根据《刑事诉讼法》第285条的规定，审判的时候被告人不满18周岁的案件，不公开审理。可知，审判时被告人未成年的才不公开审理，如果已成年了，应当公开审理。又根据《刑事诉讼法》第188条第1款的规定，人民法院审判第一审案件应当公开进行。但是有关国家秘密或者个人隐私的案件，不公开审理；涉及商业秘密的案件，当事人申请不公开审理的，可以不公开审理。本案是强奸案，涉及个人隐私，依法应当不公开审理。选项A错误。

选项B，根据《刑诉解释》第90条的规定，证人证言的收集程序、方式有下列瑕疵，经补正或者作出合理解释的，可以采用；不能补正或者作出合理解释的，不得作为定案的根据：……⑤询问未成年人，其法定代理人或者合适成年人不在场的。选项B错误。

选项C，根据《刑诉解释》第554条的规定，人民法院对无固定住所、无法提供保证人的未成年被告人适用取保候审的，应当指定合适成年人作为保证人，必要时可以安排取保候审的被告人接受社会观护。选项C正确。

选项D，根据《刑诉解释》第556条第2款的规定，审理未成年人遭受性侵害或者暴力伤害案件，在询问未成年被害人、证人时，应当采取同步录音录像等措施，尽量一次完成；未成年被害人、证人是女性的，应当由女性工作人员进行。可知，只有在询问未成年被害人、证人时，才应当采取同步录音录像等措施，尽量一次完成，讯问未成年犯罪嫌疑人并不适用此规定。选项D错误。

108. [考点] 未成年人刑事案件诉讼程序

[答案] A

[解析] 选项A，根据《检察院办理未成年人刑案规定》第51条第1款的规定，人民检察院审查未成年人与成年人共同犯罪案件，一般应当将未成年人与成年人分案起诉。但是具有下列情形之一的，可以不分案起诉：①未成年人系犯罪集团的组织者或者其他共同犯罪中的主犯的；②案件重大、疑难、复杂，分案起诉可能妨碍案件审理的；③涉及刑事附带民事诉讼，分案起诉妨碍附带民事诉讼部分审理的；④具有其他不宜分案起诉情形的。选项A中，罗某系共同犯罪中的主犯，可以不分案起诉。选项A正确。

选项B，根据《刑事诉讼法》第223条的规定，有下列情形之一的，不适用速裁程序：①被告人是盲、聋、哑人，或者是尚未完全丧失辨认或者控制自己行为能力的精神病人的；②被告人是未成年人的；③案件有重大社会影响的；④共同犯罪案件中部分被告人对指控的犯罪事实、罪名、量刑建议或者适用速裁程序有异议的；⑤被告人与被害人或者其法定代理人没有就附带民事诉讼赔偿等事项达成调解或者和解协议的；⑥其他不宜适用速裁程序审理的。可知，被告人是未成年人的才不适用速裁程序。选项 B 中，被告人贾某已经成年，有可能适用速裁程序。选项 B 错误。

选项 C，根据《刑诉解释》第 50 条的规定，被告人拒绝法律援助机构指派的律师为其辩护，坚持自己行使辩护权的，人民法院应当准许。属于应当提供法律援助的情形，被告人拒绝指派的律师为其辩护的，人民法院应当查明原因。理由正当的，应当准许，但被告人应当在 5 日以内另行委托辩护人；被告人未另行委托辩护人的，人民法院应当在 3 日以内通知法律援助机构另行指派律师为其提供辩护。选项 C 属于应当提供法律援助的情形，被告人魏某拒绝指派的律师为其辩护的，人民法院应当查明原因。理由正当的，应当准许。选项 C 错误。

选项 D，根据《刑诉解释》第 572 条第 2 款的规定，重新开庭后，未成年被告人或者其法定代理人再次当庭拒绝辩护人辩护的，不予准许。重新开庭时被告人已满 18 周岁的，可以准许，但不得再另行委托辩护人或者要求另行指派律师，由其自行辩护。选项 D 错误。

📝 **总结归纳**

（1）禁止速裁程序的案件：幼、聋、傻、影响大，共犯异议、民未达，无罪辩护或其他。

（2）拒绝辩护的情形

①强制款：有理-1 次-有人辩；

②普通款：无理-2 次-自己辩。

109. 考点 附条件不起诉

答案 C

解析 选项 A，根据《刑事诉讼法》第 282 条第 1 款的规定，对于未成年人涉嫌《刑法》分则第四章、第五章、第六章规定的犯罪，可能判处 1 年有期徒刑以下刑罚，符合起诉条件，但有悔罪表现的，人民检察院可以作出附条件不起诉的决定。人民检察院在作出附条件不起诉的决定以前，应当听取公安机关、被害人的意见。选项 A 错误。

选项 B，根据全国人大常委会《关于〈中华人民共和国刑事诉讼法〉第二百七十一条（现为第 282 条）第二款的解释》的规定，人民检察院办理未成年人刑事案件，在作出附条件不起诉的决定以及考验期满作出不起诉的决定以前，应当听取被害人的意见。被害人对人民检察院对未成年犯罪嫌疑人作出的附条件不起诉的决定和不起诉的决定，可以向上一级人民检察院申诉，但不能向人民法院提起自诉。选项 B 错误。

选项 C，根据《高检规则》第 470 条的规定，未成年犯罪嫌疑人及其法定代理人对拟作出附条件不起诉决定提出异议的，人民检察院应当提起公诉。但是，未成年犯罪嫌疑人及其法定代理人提出无罪辩解，人民检察院经审查认为无罪辩解理由成立的，应当按照本规则第 365 条的规定作出不起诉决定。未成年犯罪嫌疑人及其法定代理人对案件作附条件不起诉处理没有异议，仅对所附条件及考验期有异议的，人民检察院可以依法采纳其合理的意见，对考察的内容、方式、时间等进行调整；其意见不利于对未成年犯罪嫌疑人帮教，人民检察院不采纳的，应当进行释法说理。人民检察院作出起诉决定前，未成年犯罪嫌疑人及其法定代理人撤回异议的，人民检察院可以依法作出附条件不起诉决定。选项C正确。

选项D，根据《刑事诉讼法》第284条的规定，被附条件不起诉的未成年犯罪嫌疑人，在考验期内有下列情形之一的，人民检察院应当撤销附条件不起诉的决定，提起公诉：①实施新的犯罪或者发现决定附条件不起诉以前还有其他犯罪需要追诉的；②违反治安管理规定或者考察机关有关附条件不起诉的监督管理规定，情节严重的。被附条件不起诉的未成年犯罪嫌疑人，在考验期内没有上述情形，考验期满的，人民检察院应当作出不起诉的决定。注意，选项D中，张某在考验期内实施了新罪，那么对于之前的盗窃罪，应当撤销附条件不起诉的决定，提起公诉，对于新实施的诈骗罪，应当移送侦查机关立案侦查。选项D错误。

📝 总结归纳

（1）附条件不起诉的条件：小孩、犯罪456，1年以下、够起诉，悔过、"可以"附条件。

（2）附条件不起诉的异议

①公安机关可以复议、复核；

②被害人只能申诉不能自诉；

③被不起诉人及其法代对决定有异议的，应当起诉。

110. 考点 附条件不起诉

答案 ABCD

解析 本题首先要注意吴某的不起诉与黄某的不起诉种类不同。吴某的不起诉属于普通的不起诉（法定、酌定、存疑中的一种），黄某的不起诉属于附条件不起诉，二者在程序上有很大差异。

选项A，根据《刑事诉讼法》第180条的规定，对于有被害人的案件，决定不起诉的，人民检察院应当将不起诉决定书送达被害人。被害人如果不服，可以自收到决定书后7日以内向上一级人民检察院申诉，请求提起公诉。人民检察院应当将复查决定告知被害人。对人民检察院维持不起诉决定的，被害人可以向人民法院起诉。被害人也可以不经申诉，直接向人民法院起诉。人民法院受理案件后，人民检察院应当将有关案件材料移送人民法院。又根据全国人大常委会《关于〈中华人民共和国刑事诉讼法〉第二百七十一条（现为第282条）第二款的解释》的规定，人民检察院办理未成年人刑事案件，在作出附条件不起诉的决定以及考验期满作出不起诉的决定以前，应当听取被害人的意见。被害人对人民检察院对未成年犯罪嫌疑人作出的附条件不起诉的决定和不起诉的决定，可以向上一级人民检察院申诉，但不能向人民法院提起自诉。可知，被害人赵某对吴某的不起诉决定不服的，既可以向上一级检察院申诉，也可以向法院起诉；但是对黄某的附条件不起诉决定不服的，只能申诉，不能自诉。选项A错误，当选。

选项B，根据《刑事诉讼法》第178条的规定，不起诉的决定，应当公开宣布，并且将不起诉决定书送达被不起诉人和他的所在单位。如果被不起诉人在押，应当立即释放。又根据《检察院办理未成年人刑案规定》第34条的规定，未成年犯罪嫌疑人在押的，作出附条件不起诉决定后，人民检察院应当作出释放或者变更强制措施的决定。可知，本案检察院对吴某应当释放，对黄某应当释放或者变更强制措施。选项B错误，当选。

选项C，根据《刑事诉讼法》第283条第3款的规定，被附条件不起诉的未成年犯罪嫌疑人，应当遵守下列规定：①遵守法律法规，服从监督；②按照考察机关的规定报告自己的活动情况；③离开所居住的市、县或者迁居，应当报经考察机关批准；④按照考察机关的要求接受矫治和教育。可知，离开所居住的市、县或者迁居，应当报经考察机关批准，而考察机关应当是检察院。选项C错误，当选。

选项D，根据《检察院办理未成年人刑案规定》第40条的规定，人民检察院决定附条件不起诉的，应当确定考验期。考验期为6个月以上1年以下，从人民检察院作出附条件不起诉的决定之日起计算。考验期不计入案件审查起诉期限。考验期的长短应当与未成年犯罪嫌疑人所犯罪行的轻重、主观恶性的大小和人身危险性的大小、一贯表现及帮教条件等相适应，根据未成年犯罪嫌疑人在考验期的表现，可以在法定期限范围内适当缩短或者延长。可知，考验期不计入案件审查起诉期限。选项D错误，当选。

📝 **总结归纳**

（1）考验期不计入案件审查起诉期限。审查起诉期限自检察院作出附条件不起诉决定之日起中止计算，自考验期限届满之日起或者检察院作出撤销附条件不起诉决定之日起恢复计算。

（2）考验期内应当遵守4项义务：市县、报告、守法、教育。（考察机关是检察院）

（3）附条件不起诉后，检察院应当作出释放或变更强制措施的决定。

（4）考验期满的两种结果：听话应当不起诉，不听话应当起诉（新罪、漏罪、违法、违规）。

第21讲　当事人和解的公诉案件诉讼程序

111. 关于适用当事人和解的公诉案件诉讼程序的案件范围以及适用条件，下列说法正确的是：（　　）

A. 罗某涉嫌交通肇事罪，如果被害人不愿意谅解，则不能适用该程序

B. 张某涉嫌暴力干涉婚姻自由罪，如果张某悔过，则可以适用该程序

C. 鄢某涉嫌过失致人死亡罪，如果鄢某5年内曾经有故意犯罪，则不能适用该程序

D. 殷某涉嫌刑讯逼供罪，如果双方当事人都愿意和解，则可以适用该程序

考点 当事人和解的公诉案件诉讼程序的案件范围以及适用条件

112. 甲因邻里纠纷失手致乙死亡，后甲被批准逮捕。案件起诉后，双方当事人拟通过协商达成和解。对于此案的和解，下列选项错误的是：（　　）

A. 由于甲在押，其近亲属可自行与被害方进行和解

B. 由于乙已经死亡，可由其近亲属代为和解

C. 侦查中，如果双方当事人达成和解协议，公安机关可撤销案件

D. 如果双方当事人达成刑事和解，和解协议书应当由双方当事人和审判人员签名，并加盖法院印章，其约定的赔偿损失内容应当及时履行

考点 当事人和解的公诉案件诉讼程序

113. 张某因琐事与罗某发生口角进而厮打，推搡之间，不慎致罗某死亡。检察院以张某涉嫌过失致人死亡罪提起公诉，罗母向法院提起附带民事诉讼。关于本案的处理，下列哪些说法是正确的？（　　）

A. 法院既可以对附带民事部分进行调解，也可以对刑事部分进行调解

B. 张某与罗母就附带民事部分调解达成协议的，调解协议中约定的赔偿损失内容可分期履行

C. 张某与罗母在侦查期间已经达成和解协议并全部履行，罗母又提起附带民事诉讼的，法院应当受理

D. 罗母提起附带民事诉讼后，双方愿意和解，但张某不能即时履行全部赔偿义务的，法院应当制作附带民事调解书

考点 当事人和解的公诉案件诉讼程序

答案及解析

111. [考点] 当事人和解的公诉案件诉讼程序的案件范围以及适用条件

[答案] AC

[解析] 根据《高检规则》第492条第1款的规定，下列公诉案件，双方当事人可以和解：①因民间纠纷引起，涉嫌《刑法》分则第四章、第五章规定的犯罪案件，可能判处3年有期徒刑以下刑罚的；②除渎职犯罪以外的可能判处7年有期徒刑以下刑罚的过失犯罪案件。

根据《高检规则》第492条第2款的规定，当事人和解的公诉案件应当同时符合下列条件：①犯罪嫌疑人真诚悔罪，向被害人赔偿损失、赔礼道歉等；②被害人明确表示对犯罪嫌疑人予以谅解；③双方当事人自愿和解，符合有关法律规定；④属于侵害特定被害人的故意犯罪或者有直接被害人的过失犯罪；⑤案件事实清楚，证据确实、充分。

根据《高检规则》第492条第3、4款的规定，犯罪嫌疑人在5年以内曾经故意犯罪的，不适用本节规定的程序。犯罪嫌疑人在犯《刑事诉讼法》第288条第1款规定的犯罪前5年内曾经故意犯罪，无论该故意犯罪是否已经追究，均应当认定为前款规定的5年以内曾经故意犯罪。

选项A，交通肇事罪属于除渎职犯罪以外的可能判处7年有期徒刑以下刑罚的过失犯罪，但是被害人不愿意谅解的，不能适用该程序。选项A正确。

选项B，暴力干涉婚姻自由罪属于自诉案件，所以并不适用公诉案件诉讼程序。选项B错误。

选项C，过失致人死亡罪属于除渎职犯罪以外的可能判处7年有期徒刑以下刑罚的过失犯罪，但是犯罪嫌疑人、被告人在5年以内曾经故意犯罪的，不适用该程序。选项C正确。

选项D，刑讯逼供罪并不属于民间纠纷引起的犯罪，不属于和解的案件范围。选项D错误。

📝 **总结归纳**

(1) 和解范围：民间"人""财"3年下，7年过失渎职外；

(2) 和解条件：你认错、他原谅、都愿意、侵特定、事实清。（5年内曾故意犯罪的，绝对禁止）

112. [考点] 当事人和解的公诉案件诉讼程序

[答案] ABCD

[解析] 选项A，根据《刑诉解释》第589条第1、2款的规定，被告人的近亲属经被告人同意，可以代为和解。被告人系限制行为能力人的，其法定代理人可以代为和

解。可知，被告人的近亲属代为和解的前提是经过被告人同意。选项A错误，当选。

选项B，根据《刑诉解释》第588条的规定，符合《刑事诉讼法》第288条规定的公诉案件，被害人死亡的，其近亲属可以与被告人和解。近亲属有多人的，达成和解协议，应当经处于最先继承顺序的所有近亲属同意。被害人系无行为能力或者限制行为能力人的，其法定代理人、近亲属可以代为和解。可知，被害人死亡的，其近亲属就是和解的一方当事人，可以直接和被告人和解。如果被害人没有死亡，只是丧失行为能力或者限制行为能力，其法定代理人或者近亲属可以代为和解。选项B错误，当选。

选项C，根据《刑事诉讼法》第290条的规定，对于达成和解协议的案件，公安机关可以向人民检察院提出从宽处理的建议。人民检察院可以向人民法院提出从宽处罚的建议；对于犯罪情节轻微，不需要判处刑罚的，可以作出不起诉的决定。人民法院可以依法对被告人从宽处罚。可知，双方当事人达成和解协议的，公安机关能做的就是向检察院提出从宽处理的建议，而不能直接将刑事案件给撤销。选项C错误，当选。

选项D，根据《刑诉解释》第592条第2款的规定，和解协议书应当由双方当事人和审判人员签名，但不加盖人民法院印章。选项D错误，当选。

113. [考点] 当事人和解的公诉案件诉讼程序

[答案] BD

[解析] 选项A，本案附带民事部分可以调解可以和解，但刑事部分只可以适用和解程序而不允许适用调解程序。选项A错误。

选项B，调解书签收后具有强制执行力，因此可以约定分期履行。选项B正确。

选项C，根据《刑诉解释》第594条的规定，双方当事人在侦查、审查起诉期间已经达成和解协议并全部履行，被害人或者其法定代理人、近亲属又提起附带民事诉讼的，人民法院不予受理，但有证据证明和解违反自愿、合法原则的除外。选项C错误。

选项D，根据《刑诉解释》第595条的规定，被害人或者其法定代理人、近亲属提起附带民事诉讼后，双方愿意和解，但被告人不能即时履行全部赔偿义务的，人民法院应当制作附带民事调解书。选项D正确。

第22讲 缺席审判程序

114. 段某贪污案，犯罪嫌疑人潜逃美国，人民检察院认为本案犯罪事实已经查清，证据确实、充分，依法向人民法院提起公诉。人民法院进行审查后，决定开庭审判。关于本案的诉讼程序，下列说法正确的是：（ ）

A. 本案如果需要及时进行审判，经最高人民检察院核准的，方可适用缺席审判程序

B. 被告人及其近亲属没有委托辩护人的，人民法院可以通知法援机构指派律师为其提供辩护

C. 本案经审理认定的罪名并非贪污罪而是诈骗罪的，应当退回人民检察院

D. 被告人的近亲属参加诉讼的，可以发表意见，出示证据，申请法庭通知证人、鉴定人等出庭，进行辩论，还可以独立行使上诉权

[考 点] 缺席审判程序

115. 关于缺席审判程序，下列表述正确的是：（ ）

A. 被告人罗某患有严重疾病无法出庭，海淀区人民法院中止审理超过 6 个月，罗某同意恢复审理的，应当改变管辖，由中级人民法院组成合议庭进行审理

B. 二审中被告人自杀，人民法院认为被告人有罪的，可以缺席审理，依法作出相应判决

C. 在审理过程中，被告人自动投案或者被抓获的，人民法院应当重新审判

D. 在交付执行刑罚前，罪犯对判决、裁定提出异议，人民法院经审查，认为异议理由成立的，应当重新审理

[考 点] 缺席审判程序

答案及解析

114. [考 点] 缺席审判程序

[答 案] D

[解 析] 根据《刑事诉讼法》第291条第1款的规定，对于贪污贿赂犯罪案件，以及需要及时进行审判，经最高人民检察院核准的严重危害国家安全犯罪、恐怖活动犯罪案件，犯罪嫌疑人、被告人在境外，监察机关、公安机关移送起诉，人民检察院认为犯罪事实已经查清，证据确实、充分，依法应当追究刑事责任的，可以向人民

法院提起公诉。人民法院进行审查后，对于起诉书中有明确的指控犯罪事实，符合缺席审判程序适用条件的，应当决定开庭审判。本案从材料的情况来看，符合缺席审判的适用条件。

选项A，根据《刑事诉讼法》第291条第1款的规定，贪污贿赂犯罪案件，只要潜逃境外即可；如果是严重危害国家安全犯罪、恐怖活动犯罪案件，除了潜逃境外的条件外，还要满足需要及时进行审判，经最高人民检察院核准的条件。选项A错误。

选项B，根据《刑事诉讼法》第293条的规定，人民法院缺席审判案件，被告人有权委托辩护人，被告人的近亲属可以代为委托辩护人。被告人及其近亲属没有委托辩护人的，人民法院应当通知法律援助机构指派律师为其提供辩护。选项B中，被告人及其近亲属没有委托辩护人，人民法院是"应当"而非"可以"通知法援机构为其指派律师担任辩护人。选项B错误。

选项C，根据《刑诉解释》第604条的规定，对人民检察院依照《刑事诉讼法》第291条第1款的规定提起公诉的案件，人民法院审理后应当参照本解释第295条的规定作出判决、裁定。作出有罪判决的，应当达到证据确实、充分的证明标准。经审理认定的罪名不属于《刑事诉讼法》第291条第1款规定的罪名的，应当终止审理。适用缺席审判程序审理案件，可以对违法所得及其他涉案财产一并作出处理。选项C错误。

选项D，根据《刑诉解释》第603条的规定，人民法院审理人民检察院依照《刑事诉讼法》第291条第1款的规定提起公诉的案件，参照适用公诉案件第一审普通程序的有关规定。被告人的近亲属参加诉讼的，可以发表意见，出示证据，申请法庭通知证人、鉴定人等出庭，进行辩论。又根据《刑事诉讼法》第294条的规定，人民法院应当将判决书送达被告人及其近亲属、辩护人。被告人或者其近亲属不服判决的，有权向上一级人民法院上诉。辩护人经被告人或者其近亲属同意，可以提出上诉。人民检察院认为人民法院的判决确有错误的，应当向上一级人民法院提出抗诉。选项D正确。

📝 **总结归纳**

（1）缺席审判的类型

①逃境外：贪贿只要在境外；危恐境外及时审，还要最高检核准。

②得疾病：疾病中止超6月，还要申请或同意。

③已死亡：被告死亡若缺席，除非因为他无罪；若是审监他死亡，有罪也能缺席判。

（2）缺席审判的权利保障

辩护权	委托辩护	被告人有权委托辩护人，被告人的近亲属可以代为委托辩护人。
	强制辩护	没有委托辩护人的，法院应当通知法援机构指派律师为其提供辩护。

救济权	独立上诉	被告人或其近亲属不服判决的，有权向上一级法院上诉。
	非独立上诉	辩护人经被告人或其近亲属同意，可以提出上诉。
	抗诉权	检察院认为法院的判决确有错误的，应当向上一级法院提出抗诉。
近亲属 参诉权	（1）有多名近亲属的，应当推选1至2人参加诉讼。 （2）近亲属参加诉讼的，可以发表意见，出示证据，申请法庭通知证人、鉴定人等出庭，进行辩论。	

115. [考点] 缺席审判程序

[答案] C

[解析] 选项A，根据《刑事诉讼法》第291条第2款的规定，前款案件，由犯罪地、被告人离境前居住地或者最高人民法院指定的中级人民法院组成合议庭进行审理。注意，该管辖条款仅适用于潜逃境外的缺席审判案件。选项A并不适用该管辖条款的规定，应当由之前审理的海淀区人民法院继续行使管辖权。选项A错误。

选项B，根据《刑事诉讼法》第297条的规定，被告人死亡的，人民法院应当裁定终止审理，但有证据证明被告人无罪，人民法院经缺席审理确认无罪的，应当依法作出判决。人民法院按照审判监督程序重新审判的案件，被告人死亡的，人民法院可以缺席审理，依法作出判决。可知，审判中被告人死亡的，应当裁定终止审理；只有当被告人无罪时，人民法院才缺席审判。选项B错误。

选项C，根据《刑事诉讼法》第295条第1款的规定，在审理过程中，被告人自动投案或者被抓获的，人民法院应当重新审理。选项C正确。

选项D，根据《刑事诉讼法》第295条第2款的规定，罪犯在判决、裁定发生法律效力后到案的，人民法院应当将罪犯交付执行刑罚。交付执行刑罚前，人民法院应当告知罪犯有权对判决、裁定提出异议。罪犯对判决、裁定提出异议的，人民法院应当重新审理。可知，只要罪犯对判决、裁定提出异议，人民法院就应当重新审理，无需审查异议理由是否成立。选项D错误。

📝 **总结归纳**

（1）审理中到案：被告人自动投案或被抓获的，法院应当重新审理。（自动）

（2）生效后到案：交付执行前，法院应当告知罪犯有权对裁判提出异议。罪犯提出异议的，法院应当重新审理。（异议为前提）

第23讲 犯罪嫌疑人、被告人逃匿、死亡案件违法所得的没收程序

116. 关于犯罪嫌疑人、被告人逃匿、死亡案件违法所得的没收程序，下列说法正确的是：（   ）

   A. 对于贪污贿赂犯罪、恐怖活动犯罪等重大犯罪案件，犯罪嫌疑人、被告人逃匿，在通缉1年后不能到案，或者犯罪嫌疑人、被告人死亡，依照《刑法》规定应当追缴其违法所得及其他涉案财产的，公安机关可以向人民法院提出没收违法所得的申请

   B. 没收违法所得的申请，由犯罪地或者犯罪嫌疑人、被告人居住地的基层人民法院组成合议庭进行审理

   C. 人民法院受理没收违法所得的申请后，应当发出公告。公告期间为6个月。犯罪嫌疑人、被告人的近亲属和其他利害关系人有权申请参加诉讼，也可以委托辩护人参加诉讼

   D. 人民法院经审理，对经查证属于违法所得及其他涉案财产，除依法返还被害人的以外，应当裁定予以没收；对不属于应当追缴的财产的，应当裁定驳回申请

   考点 犯罪嫌疑人、被告人逃匿、死亡案件违法所得的没收程序

117. 张某涉嫌恐怖活动犯罪，公安机关查封、扣押了数额巨大的涉案财产。现张某在审判阶段逃跑了。本案应当如何处理？（   ）

   A. 人民法院对刑事案件终止审理

   B. 对于人民法院中止审理的，人民检察院可以依法向人民法院提出没收违法所得的申请

   C. 对人民法院依法作出的没收违法所得的裁定，张某的近亲属和其他利害关系人或者人民检察院可以在5日内向上一级人民法院申请复议

   D. 在审理申请没收违法所得的案件过程中，在逃的张某到案的，人民法院应当裁定终止审理。人民检察院向原受理申请的人民法院提起公诉的，可以由同一审判组织审理

   考点 犯罪嫌疑人、被告人逃匿、死亡案件违法所得的没收程序

118. 关于犯罪嫌疑人、被告人逃匿、死亡案件违法所得的没收程序，下列说法错误的是：（   ）

   A. 人民检察院发现公安机关应当启动违法所得没收程序而不启动的，应当直接通知公

安机关启动程序

B. 利害关系人在二审中才申请参加诉讼，主张涉案财产所有权的，人民法院应当不予准许

C. 人民法院应当组成合议庭对申请没收违法所得的案件进行开庭审理

D. 没收违法所得裁定生效后，犯罪嫌疑人、被告人到案并对没收裁定提出异议的，应当依照审判监督程序予以纠正

考点 犯罪嫌疑人、被告人逃匿、死亡案件违法所得的没收程序

答案及解析

116. 考点 犯罪嫌疑人、被告人逃匿、死亡案件违法所得的没收程序

答案 D

解析 选项 A，根据《刑事诉讼法》第 298 条第 1、2 款的规定，对于贪污贿赂犯罪、恐怖活动犯罪等重大犯罪案件，犯罪嫌疑人、被告人逃匿，在通缉 1 年后不能到案，或者犯罪嫌疑人、被告人死亡，依照《刑法》规定应当追缴其违法所得及其他涉案财产的，人民检察院可以向人民法院提出没收违法所得的申请。公安机关认为有前款规定情形的，应当写出没收违法所得意见书，移送人民检察院。可知，公安机关认为有上述情形的，应当写出没收违法所得意见书，移送人民检察院（而非直接向人民法院申请）。选项 A 错误。

选项 B，根据《刑事诉讼法》第 299 条第 1 款的规定，没收违法所得的申请，由犯罪地或者犯罪嫌疑人、被告人居住地的中级人民法院组成合议庭进行审理。可知，选项 B 中的管辖表述错误。选项 B 错误。

选项 C，根据《刑事诉讼法》第 299 条第 2 款的规定，人民法院受理没收违法所得的申请后，应当发出公告。公告期间为 6 个月。犯罪嫌疑人、被告人的近亲属和其他利害关系人有权申请参加诉讼，也可以委托诉讼代理人参加诉讼。注意，此程序中，委托的是诉讼代理人而非辩护人。选项 C 错误。

选项 D，根据《刑事诉讼法》第 300 条的规定，人民法院经审理，对经查证属于违法所得及其他涉案财产，除依法返还被害人的以外，应当裁定予以没收；对不属于应当追缴的财产的，应当裁定驳回申请，解除查封、扣押、冻结措施。对于人民法院依照前款规定作出的裁定，犯罪嫌疑人、被告人的近亲属和其他利害关系人或者人民检察院可以提出上诉、抗诉。选项 D 正确。

📝 **总结归纳**

（1）适用条件：贪、恐、重大逃 1 年，死了直接收"赃钱"（人没了，钱还在）。

（2）申请程序

①公安、监委写出没收违法所得意见书，移送检察院；

②检察院向法院提出没收违法所得的申请。（法院不主动开启）

（3）管辖法院：犯罪地或犯罪嫌疑人、被告人居住地的中院组成合议庭进行审理。

（4）法院裁定：裁定没收或裁定驳回。

（5）救济方式：5日内，上诉与抗诉。

117. **[考点]** 犯罪嫌疑人、被告人逃匿、死亡案件违法所得的没收程序

[答案] BD

[解析] 选项A，根据"两高三部一委"《关于实施刑事诉讼法若干问题的规定》第38条第2款的规定，人民法院在审理案件过程中，被告人死亡的，应当裁定终止审理；被告人脱逃的，应当裁定中止审理。人民检察院可以依法另行向人民法院提出没收违法所得的申请。选项A将"中止审理"表述为"终止审理"。选项A不当选。

选项B，根据《刑诉解释》第626条的规定，在审理案件过程中，被告人脱逃或者死亡，符合《刑事诉讼法》第298条第1款规定的，人民检察院可以向人民法院提出没收违法所得的申请；符合《刑事诉讼法》第291条第1款规定的，人民检察院可以按照缺席审判程序向人民法院提起公诉。人民检察院向原受理案件的人民法院提出没收违法所得申请的，可以由同一审判组织审理。选项B当选。

选项C，根据《刑诉解释》第622条的规定，对没收违法所得或者驳回申请的裁定，犯罪嫌疑人、被告人的近亲属和其他利害关系人或者人民检察院可以在5日以内提出上诉、抗诉。选项C不当选。

选项D，根据《刑诉解释》第625条的规定，在审理申请没收违法所得的案件过程中，在逃的犯罪嫌疑人、被告人到案的，人民法院应当裁定终止审理。人民检察院向原受理申请的人民法院提起公诉的，可以由同一审判组织审理。选项D当选。

[总结归纳]

（1）没收程序中：自动投案或被抓获的，法院应当终止审理；由检察院向原法院提起公诉。（没转公）

（2）公诉程序中：跑了（中止）、死了（终止），符合没收条件的启动没收程序，符合缺席条件的启动缺席程序。（人来了没收转公诉，人没了公诉转没收或缺席，但是法院不能主动）

118. **[考点]** 犯罪嫌疑人、被告人逃匿、死亡案件违法所得的没收程序

[答案] ABCD

[解析] 选项A，根据《高检规则》第524条的规定，人民检察院发现公安机关应当启动违法所得没收程序而不启动的，可以要求公安机关在7日以内书面说明不启动的理由。经审查，认为公安机关不启动理由不能成立的，应当通知公安机关启动程序。可知，人民检察院不能直接通知公安机关启动程序，而应当先要求公安机关在

7日以内书面说明不启动的理由。选项A错误，当选。

选项B，根据《刑诉解释》第624条的规定，利害关系人非因故意或者重大过失在第一审期间未参加诉讼，在第二审期间申请参加诉讼的，人民法院应当准许，并撤销原裁定，发回原审人民法院重新审判。可知，如果利害关系人非因故意或者重大过失在第一审期间未参加诉讼，在第二审期间申请参加诉讼，人民法院应当准许。选项B错误，当选。

选项C，根据《刑诉解释》第619条第2款的规定，利害关系人申请参加或者委托诉讼代理人参加诉讼的，应当开庭审理。没有利害关系人申请参加诉讼的，或者利害关系人及其诉讼代理人无正当理由拒不到庭的，可以不开庭审理。可知，并非所有案件都要求开庭审理。选项C错误，当选。

选项D，根据《刑诉解释》第628条的规定，没收违法所得裁定生效后，犯罪嫌疑人、被告人到案并对没收裁定提出异议，人民检察院向原作出裁定的人民法院提起公诉的，可以由同一审判组织审理。人民法院经审理，应当按照下列情形分别处理：①原裁定正确的，予以维持，不再对涉案财产作出判决；②原裁定确有错误的，应当撤销原裁定，并在判决中对有关涉案财产一并作出处理。人民法院生效的没收裁定确有错误的，除第1款规定的情形外，应当依照审判监督程序予以纠正。可知，人民法院生效的没收裁定确有错误的，除没收违法所得裁定生效后，犯罪嫌疑人、被告人到案并对没收裁定提出异议的情形外，应当依照审判监督程序予以纠正。选项D错误，当选。

第24讲 依法不负刑事责任的精神病人的强制医疗程序

119. 犯罪嫌疑人刘某因涉嫌故意杀人被公安机关立案侦查。在侦查过程中，侦查人员发现刘某行为异常。经鉴定，刘某属于依法不负刑事责任的精神病人，需要对其实施强制医疗。关于强制医疗，下列说法正确的是：（   ）

A. 刘某没有诉讼代理人的，法院应当通知法援机构指派律师为其提供法律帮助

B. 人民法院审理本案，应当通知刘某的法定代理人到场

C. 刘某对强制医疗决定不服的，可以向上一级人民法院上诉

D. 人民法院审理本案，应当组成合议庭，开庭审理

[考点] 强制医疗程序

120. 关于强制医疗，下列说法下列正确的是：（   ）

A. 对申请强制医疗的案件，被申请人具有完全或者部分刑事责任能力，依法应当追究刑事责任的，应当作出驳回强制医疗申请的决定，并退回人民检察院依法处理

B. 对于人民检察院起诉的案件，人民法院在审理案件过程中，认为被告人符合强制医疗条件的，应当判决宣告被告人不负刑事责任，同时作出对被告人强制医疗的决定

C. 针对选项B中的处理结果，人民检察院提出抗诉，同时被决定强制医疗的人、被害人及其法定代理人、近亲属申请复议的，上一级人民法院应当依照第二审程序一并处理

D. 第二审人民法院在审理刑事案件过程中，发现被告人可能符合强制医疗条件的，应当依照强制医疗程序对案件作出处理

[考点] 强制医疗程序

答案及解析

119. [考点] 强制医疗程序

[答案] AB

[解析] 选项AB，根据《刑事诉讼法》第304条的规定，人民法院受理强制医疗的申请后，应当组成合议庭进行审理。人民法院审理强制医疗案件，应当通知被申请人或者被告人的法定代理人到场。被申请人或者被告人没有委托诉讼代理人的，人

民法院应当通知法律援助机构指派律师为其提供法律帮助。选项AB正确。

选项C，根据《刑事诉讼法》第305条的规定，人民法院经审理，对于被申请人或者被告人符合强制医疗条件的，应当在1个月以内作出强制医疗的决定。被决定强制医疗的人、被害人及其法定代理人、近亲属对强制医疗决定不服的，可以向上一级人民法院申请复议。可知，强制医疗的决定只能复议，不能上诉。选项C错误。

选项D，根据《刑诉解释》第635条第1款的规定，审理强制医疗案件，应当组成合议庭，开庭审理。但是，被申请人、被告人的法定代理人请求不开庭审理，并经人民法院审查同意的除外。可知，被申请人、被告人的法定代理人请求不开庭审理，并经人民法院审查同意的，是可以不开庭的。选项D错误。

📝 **总结归纳**

（1）适用条件：暴力、无责、有危险。

（2）强制要求

①应当通知精神病人的法定代理人到场；

②应当有诉讼代理人，否则应当强制法援；

③应当会见被申请人；

④应当听被害人及法定代理人的意见。

（3）处理结果

①申请强疗：用决定，决定不服可复议；（检察监督提纠正意见）

②提起公诉：用判决，判决不服可上诉。（检察监督提出抗诉）

120. [考点] 强制医疗程序

[答案] ABC

[解析] 选项A，根据《刑诉解释》第637条的规定，对申请强制医疗的案件，人民法院审理后，应当按照下列情形分别处理：①符合《刑事诉讼法》第302条规定的强制医疗条件的，应当作出对被申请人强制医疗的决定。②被申请人属于依法不负刑事责任的精神病人，但不符合强制医疗条件的，应当作出驳回强制医疗申请的决定；被申请人已经造成危害结果的，应当同时责令其家属或者监护人严加看管和医疗。③被申请人具有完全或者部分刑事责任能力，依法应当追究刑事责任的，应当作出驳回强制医疗申请的决定，并退回人民检察院依法处理。依第3项的规定可知，选项A正确。

选项B，根据《刑诉解释》第639条的规定，对前条规定的案件，人民法院审理后，应当按照下列情形分别处理：①被告人符合强制医疗条件的，应当判决宣告被告人不负刑事责任，同时作出对被告人强制医疗的决定。②被告人属于依法不负刑事责任的精神病人，但不符合强制医疗条件的，应当判决宣告被告人无罪或者不负刑事责任；被告人已经造成危害结果的，应当同时责令其家属或者监护人严加看管和医疗。③被告人具有完全或者部分刑事责任能力，依法应当追究刑事责任的，应当依照普通程序继续审理。依第1项的规定可知，选项B正确。

选项 C，根据《刑诉解释》第 644 条的规定，对本解释第 639 条第 1 项规定的判决、决定，人民检察院提出抗诉，同时被决定强制医疗的人、被害人及其法定代理人、近亲属申请复议的，上一级人民法院应当依照第二审程序一并处理。选项 C 正确。

选项 D，根据《刑诉解释》第 640 条的规定，第二审人民法院在审理刑事案件过程中，发现被告人可能符合强制医疗条件的，可以依照强制医疗程序对案件作出处理，也可以裁定发回原审人民法院重新审判。选项 D 错误。

第**25**讲 涉外刑事诉讼程序与司法协助制度

121. 下列关于涉外程序的说法，正确的是：（　　）

    A. 对于外国人应当追究刑事责任的，只能适用我国刑事诉讼法的规定

    B. 审判涉外刑事案件，即使外国籍被告人通晓中文，也应当为其提供翻译

    C. 外国籍被告人在押，其监护人、近亲属申请会见的，可以向受理案件的人民法院所在地的中级人民法院提出

    D. 外国籍被告人委托律师辩护的，应当委托中国律师；没有委托辩护人的，人民法院应当通知法律援助机构为其指派律师提供辩护

[考点] 涉外刑事诉讼程序

答案及解析

121. [考点] 涉外刑事诉讼程序

[答案] B

[解析] 选项 A，根据《刑事诉讼法》第 17 条的规定，对于外国人犯罪应当追究刑事责任的，适用本法的规定。对于享有外交特权和豁免权的外国人犯罪应当追究刑事责任的，通过外交途径解决。选项 A 忽视了例外规定。选项 A 错误。

选项 B，根据《刑诉解释》第 484 条的规定，人民法院审判涉外刑事案件，使用中华人民共和国通用的语言、文字，应当为外国籍当事人提供翻译。翻译人员应当在翻译文件上签名。人民法院的诉讼文书为中文本。外国籍当事人不通晓中文的，应当附有外文译本，译本不加盖人民法院印章，以中文本为准。外国籍当事人通晓中国语言、文字，拒绝他人翻译，或者不需要诉讼文书外文译本的，应当由其本人出具书面声明。拒绝出具书面声明的，应当记录在案；必要时，应当录音录像。选项 B 正确。

选项 C，根据《刑诉解释》第 482 条第 2 款的规定，涉外刑事案件审判期间，外国籍被告人在押，其监护人、近亲属申请会见的，可以向受理案件的人民法院所在地的高级人民法院提出，并依照本解释第 486 条的规定提供与被告人关系的证明。人民法院经审查认为不妨碍案件审判的，可以批准。选项 C 错误。

选项 D，根据《刑诉解释》第 485 条第 1、4 款的规定，外国籍被告人委托律

师辩护，或者外国籍附带民事诉讼原告人、自诉人委托律师代理诉讼的，<u>应当委托具有中华人民共和国律师资格并依法取得执业证书的律师</u>。外国籍被告人没有委托辩护人的，人民法院<u>可以通知</u>法律援助机构为其指派律师提供辩护。被告人拒绝辩护人辩护的，应当由其出具书面声明，或者将其口头声明记录在案；必要时，应当录音录像。被告人属于应当提供法律援助情形的，依照本解释第50条规定处理。选项 D 错误。

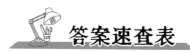

答案速查表

题号	答案	题号	答案	题号	答案
1	C	25	ABCD	45（4）	ABC
2	B	26	C	45（5）	AB
3	CD	27	ABCD	46	D
4	BC	28（1）	ABCD	47	C
5	ABCD	28（2）	B	48	C
6	C	28（3）	A	49	ABCD
7	D	28（4）	C	50	D
8	BC	29	BC	51	B
9	D	30	D	52	ABCD
10	ABCD	31	D	53	CD
11	ABCD	32	BC	54	BC
12	ABCD	33	B	55	B
13（1）	ABCD	34	ACD	56	D
13（2）	D	35	A	57	AB
13（3）	ABCD	36	ABCD	58	A
14	AC	37	BC	59（1）	C
15	AB	38	ABCD	59（2）	AB
16	D	39	D	59（3）	D
17	ABCD	40	A	59（4）	AB
18	A	41	ABCD	59（5）	ABCD
19	ABC	42	AD	60	ABCD
20	ABC	43	BC	61	B
21	BD	44	ABCD	62	AD
22	AC	45（1）	ABCD	63	D
23	ABD	45（2）	ABCD	64	ABCD
24	ABCD	45（3）	A	65	A

题号	答案	题号	答案	题号	答案
66	ABCD	87	B	103	ABCD
67	ABD	88	C	104	AC
68	C	89	AC	105	AC
69	ABCD	90	B	106	A
70	ABCD	91	A	107	C
71	BCD	92	ABCD	108	A
72	A	93	ABCD	109	C
73	A	94	AB	110	ABCD
74	BC	95（1）	ABCD	111	AC
75	A	95（2）	ABCD	112	ABCD
76	BC	95（3）	AD	113	BD
77	C	95（4）	D	114	D
78	ABD	96	B	115	C
79	ABD	97	BD	116	D
80	ABCD	98（1）	A	117	BD
81	AC	98（2）	BD	118	ABCD
82	AB	98（3）	BD	119	AB
83	B	99	D	120	ABC
84	BD	100	CD	121	B
85	C	101	A		
86	AB	102	ABCD		

图书在版编目（CIP）数据

　金题卷. 刑诉法突破 121 题 / 向高甲编著. -- 北京 ： 中国政法大学出版社，2024. 7. -- ISBN 978-7-5764-1582-7

　Ⅰ. D920.4

　中国国家版本馆 CIP 数据核字第 2024NG4111 号

出 版 者	中国政法大学出版社
地　　址	北京市海淀区西土城路 25 号
邮寄地址	北京 100088 信箱 8034 分箱　邮编 100088
网　　址	http://www.cuplpress.com (网络实名：中国政法大学出版社)
电　　话	010-58908285(总编室) 58908433 （编辑部） 58908334(邮购部)
承　　印	三河市华润印刷有限公司
开　　本	787mm×1092mm　1/16
印　　张	11
字　　数	230 千字
版　　次	2024 年 7 月第 1 版
印　　次	2024 年 7 月第 1 次印刷
定　　价	53.00 元

2024年客观题
名师考前30天背练抓分班

厚大网授

课程设置

客观考前带背 名师带背, 小灶直播互动答疑, 串联各部门法核心考点, 高效带背, 精准记忆。

同时每科还配有课后练习题, 听完即做, 查漏补缺, 助力考前冲刺。

客观考前聚焦 名师根据客观考前最新信息, 精心编写预测题考题, 直击考点, 助力考前冲关。

课程时间
2024年8月中旬—客观题考前

适合人群
2024年客观题备考学员

课程福利
赠送纸质版带背讲义

左侧竖排:
◎ 考前预测押题
◎ 名师直播带背
◎ 冲刺决胜客观
◎ 高效记忆考点

【普通模式】
扫码报名了解详情

【退费模式】
扫码报名了解详情

课程服务

每日规划 量化学习目标, 群内发布任务, 精确到天

在线答疑 专业老师群内答疑, 及时解决问题, 学习不留疑点

陪伴督学 最后30天考前冲刺班主任全程贴心陪伴, 不落一人

名师福利 第一时间抢占"名师资料", 拥有更多时间从容备考

厚大法考（郑州）2024 年客观题面授教学计划

班次名称		授课模式	授课时间	标准学费（元）	阶段优惠（元）		备注
					6.10 前	7.10 前	
高端系列	尊享二班（视频+面授）	全日制集训	5.12～主观题	36800	主客一体，协议保障。报班即可享受班主任监督学习服务，教辅答疑服务；正课开始一对一抽背纠偏，知识点梳理讲解；名辅辅导、作业检查、主观化思维训练；心理疏导、定期班会、指纹打卡记录考勤。2024年客观题未通过，退 24800 元；主观题未通过，退 10800 元。		配备本班次配套图书及随堂内部资料
	大成集训班（视频+面授）	A 模式	全日制集训	5.12～主观题	28800	主客一体、协议保障。小组辅导，指纹打卡记录考勤，量身打造个性化学习方案。高强度、多轮次、全方位消除疑难，环环相扣不留死角。2024年客观题成绩合格，凭成绩单读主观题短训班；客观题未通过，退 20000 元。		
		B 模式	全日制集训	5.12～8.31	14800	11300	已开课	
轩成系列	轩成集训班（视频+面授）	A 模式	全日制集训	6.16～主观题	12800	主客一体，无优惠。2024 年客观题成绩合格，凭成绩单读主观题短训班。		
		B 模式	全日制集训	6.16～8.31	12800	9300	9800	
暑期系列	暑期主客一体班（面授）	全日制集训	7.10～主观题	11800	主客一体，无优惠。2024 年客观题成绩合格，凭成绩单读主观题短训班。		
	暑期全程班 B 模式（面授）	暑期	7.10～8.31	11800	8300	8800	
冲刺系列	考前密训冲刺 A 班	集训	8.22～8.31	6680	2024 年客观题通过，凭成绩单读主观题密训班；客观题未通过，退 6000 元。		
	考前密训冲刺 B 班			4580	4100	4300	

优惠政策：

1. 多人报名可在优惠价格基础上再享团报优惠：2 人（含）以上报名，每人优惠 200 元；3 人（含）以上报名，每人优惠 300 元。

2. 厚大面授老学员在阶段优惠价格基础上再优惠 500 元（冲刺班次和协议班次除外），不再享受其他优惠。

【郑州分校地址】 河南省郑州市龙湖镇（南大学城）泰山路与 107 国道交叉口向东 50 米路南厚大教学

咨询电话：李老师 19939507026 杨老师 17303862226

厚大法考 APP

厚大法考官微

厚大法考官博

郑州厚大法考 QQ 服务群

郑州厚大法考面授分校官博

郑州厚大法考面授分校官微